essentials

essentials liefern aktuelles Wissen in konzentrierter Form. Die Essenz dessen, worauf es als „State-of-the-Art" in der gegenwärtigen Fachdiskussion oder in der Praxis ankommt. *essentials* informieren schnell, unkompliziert und verständlich

- als Einführung in ein aktuelles Thema aus Ihrem Fachgebiet
- als Einstieg in ein für Sie noch unbekanntes Themenfeld
- als Einblick, um zum Thema mitreden zu können

Die Bücher in elektronischer und gedruckter Form bringen das Expertenwissen von Springer-Fachautoren kompakt zur Darstellung. Sie sind besonders für die Nutzung als eBook auf Tablet-PCs, eBook-Readern und Smartphones geeignet. *essentials:* Wissensbausteine aus den Wirtschafts-, Sozial- und Geisteswissenschaften, aus Technik und Naturwissenschaften sowie aus Medizin, Psychologie und Gesundheitsberufen. Von renommierten Autoren aller Springer-Verlagsmarken.

Weitere Bände in der Reihe http://www.springer.com/series/13088

Hans-Jürgen Arlt · Jürgen Schulz

Die Entscheidung

Lösungen einer unlösbaren Aufgabe

Springer VS

Hans-Jürgen Arlt
Universität der Künste
Berlin, Deutschland

Jürgen Schulz
Universität der Künste
Berlin, Deutschland

ISSN 2197-6708   ISSN 2197-6716   (electronic)
essentials
ISBN 978-3-658-27060-5   ISBN 978-3-658-27061-2   (eBook)
https://doi.org/10.1007/978-3-658-27061-2

Die Deutsche Nationalbibliothek verzeichnet diese Publikation in der Deutschen Nationalbibliografie; detaillierte bibliografische Daten sind im Internet über http://dnb.d-nb.de abrufbar.

Springer VS ist ein Imprint der eingetragenen Gesellschaft Springer Fachmedien Wiesbaden GmbH und ist ein Teil von Springer Nature
Die Anschrift der Gesellschaft ist: Abraham-Lincoln-Str. 46, 65189 Wiesbaden, Germany

Was Sie in diesem *essential* finden können

- Das Schicksal moderner Individuen und Organisationen, sich selbst und alle anderen als Entscheider zu verstehen – multiperspektivisch vorgestellt
- Wie unsere Gesellschaft für die unlösbare Aufgabe, sich richtig zu entscheiden, simulierte Lösungen schafft
- Die beiden Grundmuster, denen Entscheidungen folgen: Wenn-dann und Um-zu
- Prominente Gesichter der Entscheidung wie Hierarchie, Demokratie, Markt, Strategie, Karriere – ungeschminkt
- Wie die schöne Freiheit, sich zu entscheiden, so viele Neins erzeugt, aber nur ein Ja

Hans kündigt eine Arbeitsstelle fern seiner Heimat und wird für seine treuen Dienste mit einem großen Goldklumpen belohnt. Er ist zu Fuß unterwegs und begegnet auf der beschwerlichen Heimreise einem Reiter. Der Reiter bietet ihm an, das Pferd gegen den Goldklumpen zu tauschen. Hans willigt ein und setzt seinen Weg unbeschwert fort, bis das Pferd ihn plötzlich störrisch abwirft und er das Pferd gegen eine Kuh tauscht. Die Kuh, die wider Erwarten keine Milch geben will, gegen ein Schwein, das Schwein gegen eine Gans und die Gans schließlich gegen einen Feldstein, der ihm als Schleifstein feilgeboten wird. Von der neuerlichen Last erschöpft, lässt er sich an einem Brunnen nieder. Beim Trinken fällt der Stein in den Brunnen. Hans trauert dem Verlust nicht nach, sondern blickt auf eine Folge guter, situationsgerechter Entscheidungen zurück und beendet glücklich seine Reise: „So glücklich wie ich, rief er aus, gibt es keinen Menschen unter der Sonne."

Im Grimm'schen Märchen irritieren die Entscheidungspräferenzen. Verhaltensökonomen sehen in Hans einen schlechten Entscheider, ein Homo oeconomicus ist er jedenfalls nicht, nur ein Homo felix.

Für modernes Leben ist Entscheiden so typisch, dass, spätestens auf Nachfrage, im Grunde alles Tun und Lassen auf Entscheidungen zurückgeführt wird. Trotz aller Gewohnheiten und Routinen hört das Fragen nicht auf, wer worüber entscheiden darf oder muss, warum (nicht) jetzt und (nicht) so entschieden wurde, welche Entscheidung revidiert, an welcher nicht gerüttelt werden soll. Nichts charakterisiert die Moderne besser, als Unabänderlichkeiten von gestern in Optionen für morgen zu verwandeln: Aufenthaltsorte und soziale Beziehungen, Arbeitstätigkeiten und Konsumverhalten, Mitgliedschaften, Medienrezeption, Aussehen, Geschlecht – immer mehr gilt als entscheidbar. Wie die Reformpädagogik („Müssen wir heute wieder machen, was wir wollen?") *erlaubt*, wie die Natur zum Essen und Trinken *zwingt* die moderne Gesellschaft sich zu entscheiden.

Was macht es mit der Gesellschaft, die wir in Sinne der Theorie sozialer Systeme als Ensemble der Kommunikationen zwischen Menschen verstehen, wenn ihre Kommunikationsweise so weitgehend auf Entscheidung umgestellt wird? Eine orientierende Skizze der Folgen der Entscheidungskommunikation zu entwerfen für Individuen, für Organisationen und für die Funktionsweise der Gesellschaft insgesamt, ist die Idee dieses *essentials*. Und das ist sein Plot: Für die unlösbare Aufgabe, sich richtig zu entscheiden, schafft sich die moderne Gesellschaft simulierte Lösungen, sie gerät in einen Dauerstreit über best practices für Scheinlösungen und schreibt die Verantwortung für alles dem einzelnen Individuum zu.

Ausgangspunkt ist Heinz von Foerster Paradoxon der Entscheidung, „only those questions that are in principle undecidable we can decide." (Foerster 1992, S. 14) Andernfalls stünde die Entscheidung ja schon fest und man könnte nur noch (kontrovers) bewerten, ob wir uns richtig, und vor allem, warum wir uns falsch entschieden haben. Das mag aktuell eine nobelpreisträchtige wissenschaftliche Disziplin sein, aber ihre Prämissen halten wir für unterkomplex.

Das Nein, die Scheidung im Fokus „Hans im Glück" entscheidet sich *für* etwas, sein Glück ist es, leicht nehmen zu können, wogegen er sich entschied. Sowohl im englischen „decision", ebenso im Spanischen, Italienischen und Französischen als auch im deutschen Wort Entscheidung liegt der Akzent hingegen auf Scheidung und Trennung. Der Sprachgebrauch macht darauf aufmerksam, dass nicht das Ja zur gewählten Option, sondern das Nein zu allen anderen Möglichkeiten das Entscheidende an der Entscheidung ist. Prominente Begrifflichkeiten zur Beschreibung und Analyse zeitgenössischer Wirklichkeiten – wie Risiko, Vertrauen, Krise, Konflikt, Rationalität, Führung, Strategie, Beratung, Karriere, Selbstverwirklichung – stehen in einem direkten Bezug zur Entscheidung. Die Grundidee freien Entscheidens spiegelt sich, links wie rechts, in gesellschaftspolitischen Auseinandersetzungen, in Forderungen nach Emanzipation und Autonomie, nach Unabhängigkeit oder wenigstens Beteiligung und Mitbestimmung, in Protesten gegen und Rufen nach freier Entfaltung der Marktkräfte, in der Empörung über Beliebigkeit, Ordnungsverlust und Unregierbarkeit.

Unsicherheit beseitigen, heißt Freiheit rauben Über die gesellschaftspolitische Konfliktträchtigkeit der Entscheidungsfreiheit legt die umfangreiche Literatur zu Entscheidungsfragen relativ wenig Rechenschaft ab. Sie ist im Wesentlichen damit beschäftigt, Vorschläge zu machen, wie man richtige Entscheidungen trifft. Nicht selten wird in Lehrbüchern dem „Entscheiden unter Unsicherheit" ein eigenes Kapitel gewidmet und so suggeriert, es gäbe auch sichere Entscheidungen, der Pelz lasse sich waschen, ohne ihn nass zu machen. Einer Entscheidungssituation die Unsicherheit zu nehmen, ist nichts anderes als Freiheitsberaubung, denn mit der Unsicherheit verschwindet die Wahlmöglichkeit. Deshalb lässt sich mit Sicherheit sagen, die Nachfrage nach Ratschlägen für richtiges Entscheiden wird ungebrochen und die Suche nach best practices unaufhörlich bleiben.

Unser Erkenntnisinteresse zielt darauf, Lebensverhältnisse besser zu begreifen, die Entscheiden als Normalverhalten einfordern. Daraus resultiert die zweifache Aufgabe, sowohl die Entscheidung als soziale Struktur zu entschlüsseln, als auch vorherrschende Deutungsmuster für Entscheidungsverhalten aufzugreifen. Der Argumentationsgang startet mit der *Logik* des Entscheidens und stellt sich der Anschlussfrage, welche Lösungen die Gesellschaft dafür hat, wie sie damit zurechtkommt, dass mit der Entscheidung Unsicherheit und Nichtwissen zu Alltagssorgen werden. Im zweiten Schritt wird der *Spielplan* von Entscheidungen analysiert, angeleitet von Niklas Luhmanns Begrifflichkeiten „Konditionalprogramm" und „Zweckprogramm". Das dritte Kapitel ist prominenten *Gesichtern* der Entscheidung gewidmet, der Demokratie und der Hierarchie, die dem kollektiv verbindlichen Entscheiden Profil geben, sowie dem Markt, der für sein Pokerface, für seine Undurchschaubarkeit berühmt ist. Die moderne Verwandlung des Lebenslaufs in eine Karriere beleuchtet das Schlusskapitel. Zu bieten haben wir Orientierungswissen, nicht Verfügungswissen – schon deshalb, weil unsere Strukturanalyse darauf hinaus läuft, dass im Fall der Entscheidung Verfügungswissen notwendig ist, aber nie hinreichend, sonst bedürfte es keiner Entscheidung.

Inhaltsverzeichnis

Freiheit, die praktisch wird, kann nicht halten, was sie verspricht

1

Entscheiden ist Freiheit in Aktion. Die Entscheidung ereignet sich in einem Möglichkeitsraum, der allerdings die Notwendigkeit einschließt, im Moment der Annahme einer Möglichkeit alle anderen abzulehnen. Die große Freiheit verwandelt sich in ein Ja und viele Neins. Genau darin liegt, was als Fortschritt erlebt wird, nämlich dass jedes Ich nein sagen und sein Ja selbst wählen kann. Wie schwierig es ist, dann ein stabiles Verhältnis zwischen Jas und Neins zu etablieren, zeigt sich in der Moderne besonders daran, dass sie in ihren Organisationen die Möglichkeit minimiert, nein zu sagen, während sie gleichzeitig die Regierungsform der Demokratie hoch schätzt, zu der untrennbar die Einladung gehört, mit Nein zu stimmen. Diese Schwierigkeit, Jas und Neins auszutarieren, wird auch dort deutlich, wo es um die Bewertung von Konflikten als einer produktiven Energie oder einer destruktiven Kraft geht. Der Konflikt, von Luhmann (1987, S. 530) klassisch definiert als die Kommunikationssituation, in der auf ein Nein mit einem Nein geantwortet wird, kann als Quelle von Gegnerschaften, ja Feindschaften gefürchtet, aber auch als ein Ausdruck von Freiheit empfohlen werden: „Konflikt ist Freiheit, weil durch ihn allein die Vielfalt und Unvereinbarkeit menschlicher Interessen und Wünsche in einer Welt notorischer Ungewissheit angemessen Ausdruck finden kann." (Dahrendorf 1965, S. 174).

Fundamentaler Überforderungscharakter Um Freiheit zu praktizieren, muss die Notwendigkeit sich zu entscheiden in Kauf genommen werden, obwohl Freiheit gerade davon lebt, Notwendigkeiten hinter sich zu lassen, unabhängig zu sein.

© Springer Fachmedien Wiesbaden GmbH, ein Teil von Springer Nature 2019
H.-J. Arlt und J. Schulz, *Die Entscheidung,* essentials,
https://doi.org/10.1007/978-3-658-27061-2_1

1

Ein naives Freiheitsverständnis sieht nur den Möglichkeitsraum und glorifiziert ihn als verheißungsvolle Alternative zur Realität[1], die im Vergleich dazu immer den Nachteil hat, nur eine (in Zahlen: 1) realisierte Möglichkeit zu sein. Entscheidungen holen die Freiheit auf den Boden der Tatsachen zurück. Entscheidungen konfrontieren die Freiheit mit der Realität, dass alles andere lassen muss, wer etwas tut. Wird die andere Seite der Entscheidung, werden die nicht gewählten Alternativen nicht wahrgenommen, handelt es sich aus der Perspektive der Handelnden nicht um eine Entscheidung, obwohl sich aus einer externen Beobachterperspektive sehr wohl eine Entscheidung ereignet haben kann. Werden andere Alternativen berücksichtigt, stellt sich sowohl die Qual vor der Wahl ein als Frage, wie und ob man sich richtig entscheidet, wie auch die Qual nach der Wahl als Zweifel, ob es nicht besser gewesen wäre, sich anders zu entscheiden.

Man kann sich weder der Erwartung anderer noch dem eigenen Anspruch entziehen, die richtige Alternative zu wählen, aber diese Erwartung ist uneinlösbar. Aus der Entscheidung als moderner Normalität entspringt der fundamentale Überforderungscharakter zeitgenössischer gesellschaftlicher Verhältnisse, denn „Entscheidungen sind genau dann nötig, wenn sie unmöglich sind – unmöglich im Sinnte guter, schlüssiger Begründung. Es ist gerade der Mangel an Begründung, der uns eine Entscheidung abverlangt." (Ortmann 2004, S. 37)

Die Alltagskommunikation neigt dazu, die strukturell angelegte Überforderung als Versagen der Akteure beziehungsweise im Erfolgsfall als deren starke Leistung zu behandeln. Den Stoff für Vorwürfe und Lobreden liefert der Umstand, dass es immer möglich ist, Entscheidungen im Komparativ als besser oder schlechter zu beurteilen. Dabei bleibt in der Regel ausgeblendet, dass es unmöglich ist, Entscheidungen als einzig richtige auszuweisen, vorher sowieso nicht und nachher auch nicht, weil sich zwar Vermutungen anstellen lassen, aber kein sicheres Wissen zur Verfügung steht, was im Fall einer anderen Entscheidung geschehen wäre. Man mag sich davon überzeugen (lassen), dass es schon richtig, wohl doch das Beste war, sich so entschieden zu haben, aber Gewissheit ist nicht zu bekommen – es bedarf der Ersatzlösungen.

---

[1]In diesem Text wird unter „Wirklichkeit" die Summe aus „Möglichkeiten" und „Realitäten" verstanden. Wir stellen also entgegen der Sprachgewohnheit Möglichkeit nicht der Wirklichkeit gegenüber, sondern der Realität, ganz im Sinne von Peter Gross' Formulierung „Die Möglichkeit ist des modernen Menschen liebste Wirklichkeit." (Gross 2005).

1.1 Unlösbare Aufgabe Gewissheit – zur laufenden Produktion von Risiken und Krisen. Fortschritt als Lösung

Gustav Schwab, der „die schönsten Sagen des klassischen Altertums" gesammelt hat, erzählt auch von dieser tragischen Begebenheit: An einem Wintertag verfehlt ein Reiter einen Fährhafen und reitet, ohne es zu wissen oder auch nur zu erahnen, über den zugefrorenen Bodensee. Für die Menschen am Ankunftsort ist das eine Sensation. Sie erzählen dem Reiter seine Geschichte und dadurch wird er sich der Gefahr im Nachhinein so sehr bewusst, dass er vor Schreck tot zusammenbricht. Das Risiko eines Ritts über den Bodensee wäre er offenkundig nie eingegangen, es wäre ihm viel zu unsicher gewesen. Für Schwabs Geschichte gibt es in China eine Entsprechung. Das erste der 36 Strategeme, einem Arsenal von Listen und Kunstgriffen, heißt nämlich: „Den Kaiser täuschen und über das Meer führen." Mit Happy End für den Überquerer sei angemerkt.

Unwissenheit, das weiß man, lässt sich mit mehr Wissen beheben, Ungewissheit bleibt, wenn, richtiger: weil entschieden werden muss. Das große Problem der sogenannten Informations- und Wissensgesellschaft ist ihr Nichtwissen und dafür zeichnet mit ihrer Zukunftsorientierung die Entscheidung verantwortlich. „Überall, wo entschieden wird, verlängert sich das Vergangene nicht automatisch in die Zukunft (qua Wesen oder Natur, qua Unmöglichkeit oder Notwendigkeit), sondern die Verbindung wird gekappt und einer Entscheidung überlassen, die nur in der Gegenwart und immer auch anders möglich ist." (Luhmann 1993, S. 325) Wie die Medizin Patienten in künstliches Koma, so versetzt sich die moderne Gesellschaft mit ihrer Entscheidungspraxis in einen Dauerzustand der Ungewissheit „Den Verlierern sagt sie, noch sei nicht alles verloren, während sie den Gewinnern zuraunt, alle Triumphe seien vergänglich." (Baumann 1999, S. 353) Der Zustand „zwischen Hoffen und Bangen" wird zum ständig aktualisierten Lebensgefühl, „denn das Risiko stößt in einen unbekannten Raum vor" (Dufourmantelle 2018, S. 28).

Risikomanagement und Versicherungsgesellschaft Ein Risiko auf sich zu nehmen (to take a risk) ist für Entscheidungen konstitutiv, Gelingen oder Misslingen, Erfolg oder Scheitern sind in der Entscheidungssituation offen. Wie könnte es anders sein, richtet sich die Entscheidung doch auf die Zukunft und „die Zukunft ist nicht einfach unbekannt, sondern sie existiert im Zeitpunkt einer Entscheidung, dies zu tun oder jenes zu lassen, noch gar nicht" (Schneider 1995, S. 204). Je mehr Entscheidungen, desto riskanter erscheint das Leben. Das wird einerseits positiv gedeutet, als Freiheit und Abenteuer angepriesen;

aktuell propagieren ganze Industrien und insbesondere ein Erfrischungsgetränkehersteller das Lob des Risikos. Andererseits richten sich umfangreiche Bemühungen darauf, die Risiken zu begrenzen. Eintrittswahrscheinlichkeiten und das vermutete Ausmaß positiver bzw. negativer Wirkungen bilden entscheidungsleitende Kriterien. Es ergeben sich Kontroversen darüber, ob die Risikobereitschaft zu groß, das Sicherheitsdenken übertrieben, die Versicherungsmentalität zu ausgeprägt sei. Risikomanagement und Versicherungswirtschaft entwickeln sich zu eigenen großen Praktiken. Die Deutschen gelten als Versicherungsweltmeister, ungeachtet des schlechten Rufs von Versicherungen, denen nachgesagt wird, Regenschirme zu verteilen, die sie im Niederschlagsfall wieder einsammeln.

Der Soziologe Ulrich Beck prägte im Schicksalsjahr von Tschernobyl 1986 das Schlagwort Risikogesellschaft. Sein Kollege Niklas Luhmann plädiert für die Unterscheidung von Risiko und Gefahr anstelle des allgemein verbreiteten Gegensatzes von Risiko und Sicherheit (vgl. Luhmann 1991). Entscheidern wird die Verantwortung für eventuellen Schaden als Risiko zugeschrieben. Da nicht alle Menschen gleichermaßen an Entscheidungen beteiligt sind, gibt es immer auch Nichtbeteiligte, aber Betroffene. Sie erleben möglichen Schaden als Gefahr, der sie, ob sie wollen oder nicht, ausgesetzt sind. Neben der Ungleichheit der Güterverteilung ist diese Ungleichheit eine besondere Quelle des Protestes. Die Perspektive, die in der Ratgeberliteratur gepflegt wird, konzentriert sich auf die Entscheider und deren Risiken. Gefahren für Betroffene werden in erster Linie daraufhin beobachtet, ob daraus Demotivation, Delegitimation, Widerstand entstehen könnten.

In der Krise entscheidet es sich Entscheiden ersetzt die Ungewissheit, wie es weitergehen soll, mit der Ungewissheit, ob es gut und richtig ist, so weiter zu machen, wie die Entscheidung es vorsieht. Diese Konstellation entspricht der Situation der Krise. Die Entscheidung ist eine Krise in Kinderschuhen, „die Form der Entscheidung ist die Form der Krise" (Lehmann 2011, S. 270). Das klassische Verständnis der Krise als Wendepunkt in Richtung Wiederaufstieg oder Untergang wohnt als potenzielles Drama jeder Entscheidung inne. In der Krise entscheidet es sich und in der Entscheidung kriselt es. „Die Entscheidung indiziert jede soziale Lage, jeden Zustand einer Ordnung, auch jeden auf ein Ziel gerichteten Plan, jeden Progress, schlechthin jede Handlung als möglichen ‚Wendepunkt' […]." (ebd., S. 271)

Die ausgewachsene Krise – einzelner Organisationen oder auch einer Regierungsform wie der Demokratie, eines Publikationsformats wie des Journalismus, eines gesellschaftlichen Funktionssystems wie der Wirtschaft – entsteht als ungewolltes Resultat von Entscheidungen, die je für sich von den Beteiligten als bestmögliche aufgefasst wurden. Im gesellschaftlichen Selbstverständnis der Moderne wird mit Krisen gerechnet, man hat seine Erfahrungen mit ihnen, die Tatsache ihres Auftretens ist „normal". Wie die Einzelentscheidung ihr Risiko zu tragen hat, so hat eine Gesellschaft, die ihre Akteure, Individuen wie Organisationen, einlädt, ja zwingt, selbst zu entscheiden, mit den unbekannten Folgen zu leben. Das ist nur auszuhalten, solange Zuversicht herrscht, das Unbekannte werde unter dem Strich trotz aller Krisenrückschläge ein Fortschritt sein.

Das Morgen als Hoffnungsträger Niemand wird eine Entscheidung treffen, ohne sich davon die Möglichkeit zu erhoffen, dass die dabei gewählte Option zu einer Verbesserung führt, mindestens eine Verschlechterung verhindert. Als gesamtgesellschaftliche Grundhaltung setzt sich Zukunftsorientierung nicht durch, als allgemein bevorzugter Aufenthaltsort kann sich der Möglichkeitsraum nicht etablieren, wenn das Morgen nicht zum Hoffnungsträger wird. Ohne die Erwartung und die Erfahrung, dass es von heute an besser (gemacht) werden kann – Indikatoren des Lebensstandards weisen nach oben: Mobilität, Kommunikation, Ernährung, Gebrauchsgüter, Bildung, Gesundheit, Lebenserwartung –, bleibt die Vergangenheit, bleibt das Alte der Hort, von dem man wenigstens weiß, was man hat. Gerade Gesellschaftskritiker bestätigen die Fortschrittsidee, indem sie die Gegenwart als eine Folge von (schlechten) Entscheidungen darstellen, die ab jetzt anders und besser getroffen werden sollten.

Wollen sie sich nicht berechtigten Vorwürfen aussetzen, bleibt modernen Akteuren nichts anderes übrig, als alles zu tun, um zu etwas zu kommen, das nicht zu bekommen ist: die richtige Entscheidung. Einer unlösbaren Aufgabe bestmöglich gerecht werden zu müssen, bedeutet Stress, stellt eine tendenziell zermürbende Herausforderung dar. Im Erfolgsfall legt sie euphorische Reaktionen nahe, wiederholte Erfolglosigkeit kann depressiv machen. Wird die objektive Unmöglichkeit als Problemhintergrund nicht anerkannt, sondern jeder Fall ausschließlich unter dem Gesichtspunkt subjektiver Verantwortung gesehen und bewertet – was als modernen Normalfall gelten darf – wächst in der Gesellschaft die Disposition für Euphorie und Depression bis hin zu bipolaren Störungen (vgl. Bräunig 2018). Depression, sagt Alain Ehrenberg (2004, S. 4), „ist eine Krankheit der Verantwortlichkeit, in der ein Gefühl der Minderwertigkeit vorherrscht".[2]

---

[2]„Der systemorientierten Psychiatrie sind die pathologischen Wirkungen solcher Kommunikationskontexte (Verantwortung ohne genügende Handlungsfreiheit) als Bestandteil von Depressionen wohlbekannt." (Watzlawick 1985, S. 366).

1.2　Unlösbare Aufgabe Rationalität – zur Herstellung und Darstellung von Entscheidungen. Inszenierung als Lösung

Die Entscheidungsgesellschaft, Individuen wie Organisationen, sieht sich damit konfrontiert, dass jeder Schritt des Weges wie an einer Kreuzung als Richtungsentscheidung gedeutet werden kann, für die man Rechenschaft ablegen muss. Im Alltag sorgen freilich Gewohnheiten der Personen und Routinen in Organisationen für Entlastung. Strukturierte Tages- und Arbeitsabläufe machen die Akteure zu Wiederholungstätern. Mit mehr oder weniger automatisch vollzogenen Wiederholungen wird Zeit gewonnen, sachlich die Fehlerquote gesenkt, sozial die Erwartbarkeit und damit die Sicherheit erhöht. Im Konflikt um Flexibilisierungen drückt sich beides aus, sowohl die Forderung danach als auch die Kritik daran, dass eingeübte und vereinbarte Abläufe zugunsten neuer Entscheidungsmöglichkeiten aufgelöst werden.

Um Entscheidungen zu beurteilen, hat sich die Differenzierung zwischen Prozessrationalität und Ergebnisrationalität bewährt. „Letztlich ist ein Akteur immer nur an der Ergebnisrationalität seines Handelns interessiert. Allerdings kann diese bei prinzipiell keiner Handlung, die irgendjemand irgendwann vollzieht, garantiert werden. Alles kann auch schiefgehen – selbst der simpelste, schon tausende Male vollzogene Handgriff." (Schimank 2005, S. 56) Was die Ergebnisrationalität betrifft, feiern wir somit nur Wiedersehen mit der ersten unlösbaren Aufgabe, Entscheidungsgewissheit zu garantieren. Allerdings kann trotz eines verfehlten Ziels dafür argumentiert werden, dass keine vermeidbaren Fehler gemacht wurden. Der Verweis auf einen rationalen Entscheidungsprozess ist die klassische Rechtfertigung dafür, trotz nicht erreichter Ziele alles richtig gemacht zu haben. „Rationalität ist eine Form, mit der man sich entschuldigen kann." (Luhmann 2000, S. 173).

Aber ist Prozessrationalität ein realistisches Ziel? Der Entstehungsprozess einer Entscheidung kann unter zeitlichen, sozialen und sachlichen Gesichtspunkten beurteilt werden. Dabei zeigt sich der interessante Umstand, dass optimale Rahmenbedingungen überhaupt keine Entscheidung zustande kommen lassen. Wer sich beliebig viel Zeit nimmt, alle potenziell Betroffenen beteiligt und nach allen erreichbaren Informationen sucht, wird sich nie entscheiden können. Diese Katze beißt sich also in den Schwanz: Im Entscheidungsprozess müssen Entscheidungen darüber getroffen werden, wann der richtige Zeitpunkt ist zu entscheiden, welche Personen mitentscheiden und welche Informationen wichtig, unwichtig oder gar nicht zu bekommen sind. Das heißt, die Prozessrationalität muss auf Ergebnisrationalitäten hoffen, die niemand garantieren kann.

Welchen Sinn hat dann die Rationalitätsnorm für Entscheidungen, wenn doch vor ihr „die Akteure immer nur versagen" (Schimank 2005, S. 119)? Die kontrafaktisch hochgehaltene Annahme rationalen Entscheidens erfüllt eine zweifache Funktion. Es geht, das haben wir schon angesprochen, um die positive Darstellung des eigenen Entscheidungsverhaltens und um die Berechenbarkeit des Verhaltens der anderen.

PR, Lieferantin guter Gründe Die Darstellung von Entscheidungen steht allerdings vor dem fundamentalen Problem, dass sich „die eine Vernunft", auf die der Aufklärungsoptimismus der Moderne[3] gesetzt hatte, in „die vielen Rationalitäten" (Apel und Kettner 1996) aufgelöst hat, an welchen sich die einzelnen Funktionsfelder der Gesellschaft ausrichten. Was in der Politik rational ist, kann in der Wirtschaft, der Wissenschaft oder der Familie eher unvernünftig sein, weil Macht, Geld, Wahrheit und Liebe unterschiedlichen Erfolgskriterien folgen.

Die Kommunikation, die Entscheidungen mitteilt, bedient Rationalitätskriterien, sie inszeniert die Entscheidung als einen rationalen Prozess. Für die verfolgten Zwecke wie für die eingesetzten Mittel werden „gute Gründe" mit Blick auf die Adressaten geliefert. Die Auseinandersetzungen darüber, ob die Begründungen stichhaltig oder ob Irrationalitäten im Spiel sind, stehen nicht im Widerspruch dazu, sie bilden einen Beleg dafür. Gerade die Kontroversen darum, ob sie erfüllt wird, bestätigen die Selbstverständlichkeit der Rationalitätsnorm – für die Vorderbühne. Unter der Bezeichnung Public Relations hat sich ein eigenes Format öffentlicher Kommunikation etabliert, das darauf spezialisiert ist, „gute Gründe" für Entscheidungen mitzuteilen. „Wenn der schmächtige Wissenschaftler A mit dem Amateurboxer B in einen Streit um einen Parkplatz gerät, dann tut er gut daran, nach dem Motto ‚Der Klügere gibt nach' zu handeln" (Willke 2000, S. 99), genauer, im PR-Format über seine Entscheidung als das Nachgeben eines Klügeren, nicht eines Schwächeren zu informieren. Ob diese Mitteilung von den Adressaten nicht doch als die Information wahrgenommen wird, hier hat der Schwächere klein beigegeben und versucht sich als der Klügere zu präsentieren, braucht an dieser Stelle nicht beantwortet zu werden.

---

[3]„Bevormundung, Gefühllosigkeit, Einförmigkeit, Unterdrückung von Differenz assoziieren wir heute mit dem Ausdruck ‚Vernunft' weit eher als jene Befreiung aus Unmündigkeit, jenes beharrliche Anmahnen menschenwürdiger Verhältnisse, jene zwanglose Orientierung zum Besseren, die der ‚Menschenvernunft' einst von der Aufklärung zugetraut wurden." (Apel und Kettner 1996, S. 7).

Die Berechenbarkeit der Anderen Als Realitätsunterstellung erfüllt die Rationalitätsnorm zudem die Funktion, das Verhalten anderer berechenbar zu machen. Wenn ich mich entscheide, weiß ich vorher nicht, wie ich mich entscheiden werde, sonst müsste ich mich nicht entscheiden. Während jedermann sich selbst ein Geheimnis bleibt – „wer sich selbst befragt, ist mit ungleich größeren Ungewissheiten konfrontiert, als wer die ihn umgebenden Dinge erforscht" (Schulze 1993, S. 52) –, wird gesellschaftlich mit einer Konstruktion operiert, die Bescheid weiß, wie sich jedermann entscheidet. Der Behelfscharakter dieser Konstruktion ist leicht durchschaubar, aber es scheint keine andere ähnlich anerkannte zu geben – als den homo oeconomicus. Die herausragende Bedeutung der kapitalistischen Wirtschaft in der Moderne zeigt sich auch daran, dass der homo oeconomicus zum allseits bekannten, erwarteten und akzeptierten Mustermann wurde, der seine Entscheidungen als Nutzenmaximierer trifft, also mit geringstmöglichem Aufwand, sprich mit größtmöglicher Rücksichtslosigkeit, den für ihn höchstmöglichen Ertrag anstrebt, um aus viel mehr und aus mehr viel mehr zu machen. Wie gewissenhaft erscheint dagegen der Thermostat einer Heizung, der, wenn es warm genug ist, das Ventil schließt und nicht immer weiter heizen lässt.

Kausalität und ihr Hang zur Trivialität 2

Charlie Chaplins Spielfilm „Moderne Zeiten" ist eine Persiflage des Tayloris-
mus. In einem Industriebetrieb reagieren die Arbeiter auf äußere Einflüsse, die
ein Betriebsleiter steuert, wie Rädchen in einer Maschine. Das Bild entspricht der
Vorstellung von Betrieben als berechenbaren Input-Output-Transformatoren und
prägt den Entscheidungsbegriff der Betriebswirtschaftslehre (vgl. Heinen 1985,
S. 20 ff.).

Dieses Verständnis von Entscheidungen ist trivial. Chaplin spielt seine Rolle
daher gleichermaßen als triviale und nichttriviale Maschine, die aus dem Trott
ausbricht. Heinz von Foerster beschreibt in unnachahmlicher Art den Unterschied:

> „Leider hat sich die westliche rationalistische Tradition so in die Trivialisations-
> operation verliebt, daß alles trivialisiert werden muß, selbst unsere Kinder. Stellen
> Sie sich vor, Sie fragen Ihren Sohn: ‚Sag einmal, wieviel ist 2 × 2?' und er sagt
> ‚grün'. Was passiert? Sie schicken ihn in die staatliche Trivialisationsanstalt, damit
> er dann später immer ‚4' sagt. …Ein paar Worte über die nichttrivialen Maschinen.
> Die nichttriviale Maschine ist eine Maschine in der Maschine. Das bedeutet, wenn
> ich einmal mit dieser Maschine operiere, hat diese Maschine sich schon – innerlich
> geändert und wurde durch diese Operation eine andere Maschine. Zum Beispiel
> könnte ich ohne weiteres sagen ‚Wieviel ist 2 × 2?' und sie sagt ‚grün!'. Dann sage
> ich: ‚Nein, das ist doch blau' und sie sagt ‚Nein, das ist doch 4!' oder so ähnlich."
> (Foerster 2001, S. 6 f.)

Der trivialen Maschine steht die Komplexität des menschlichen Wahrnehmungs-
vermögens gegenüber. „So besteht Grund zur Annahme, dass das Sensorium des
Menschen komplex genug ist, um etwa 10 000 Sinneseindrücke pro Sekunde
aufzunehmen", schreibt Paul Watzlawick (1985, S. 369). Der Kontrast ver-
deutlicht, ohne Filter, ohne Strukturen, die das meiste ausschließen und nur
weniges einschließen, kommt keine Entscheidung zustande. „Die Freiheit auf

© Springer Fachmedien Wiesbaden GmbH, ein Teil von Springer Nature 2019
H.-J. Arlt und J. Schulz, *Die Entscheidung,* essentials,
https://doi.org/10.1007/978-3-658-27061-2_2

verschiedene Weise zu entscheiden, entsteht erst durch Programmierung [...]
Ohne Programmierung hätte man nur die Möglichkeit, Aufmerksamkeit schwei-
fen zu lassen oder Kommunikationen anzuregen, um ein Thema zu finden" (Luhmann 2000, S. 262).

Programme, die für Entscheidbarkeit sorgen, bewegen sich im Sinnhorizont
von Ursache und Wirkung. Um Sinn zu machen, muss sich die Entscheidung
auf irgendeine Form von Kausalität beziehen. Unter Abschn. 1.2 haben wir dis-
kutiert, dass in der Selbstdarstellung von Entscheidungen rational begründbare
Kausalitäten die großen Sinnstifter sind. Nun hat das Forschen nach Kausal-
gesetzen[1], also die Versuche, Monokausalitäten zu konstruieren, den Blick für
die „Alternativstruktur des Kausalschemas" (Luhmann 1973, S. 26) verdorben.
Sucht man die Ordnungsleistung von Kausalität nicht (nur) in der Trivialisierung,
sondern nimmt die Einladung an, Alternativen zu entdecken sowohl für mögliche
Ursachen als auch für mögliche Wirkungen, stößt man auf die Unterschiedlich-
keit von Entscheidungsprogrammen. Wir unterscheiden mit Luhmann zwischen
Konditional- und Zweckprogramm. Das Konditionalprogramm nimmt die Ursache als Ausgangspunkt, der in der Vergangenheit liegt, und lässt sie die Wirkung
bestimmen, während das Zweckprogramm von der Wirkung ausgeht, die in der
Zukunft erwartet wird, und die Mittel als Ursache versteht.

2.1 Konditionalprogramme: Wenn-dann. Bürokratie und Kreativität

Konditionalprogramme beruhen auf der Unterscheidung zwischen Voraussetzungen und Folgen der Entscheidung und koppeln beide strikt. Somit kann
eine Kausalkette geschmiedet werden, wie sie als Konstruktionsprinzip techni-
sche Prozesse steuert. Technik – das macht sie, wenn „es läuft", so komfortabel –
funktioniert als Ursache, deren Wirkung zur Ursache der nächsten Wirkung wird,
die ihrerseits als Ursache die Folgewirkung auslöst usw., bis alles fertig ist. Die
entsprechende Handlungsvorschrift nennt man Algorithmus. Die spezifische
Leistungsfähigkeit algorithmischer Entscheidungsprogramme ist enorm. Der
Schachcomputer Deep Blue vermochte den Weltmeister zu schlagen, war aber

---

[1]„Glücklicherweise gibt es in der Wirklichkeit solche Kausalgesetze nicht. Die herrschende
Kausalwissenschaft, die nach ihnen sucht, muss die stets gegebenen Alternativen entweder
durch ceteris-paribus-Annahmen wegfingieren oder den strengen Kausalnexus zu einer
Wahrscheinlichkeitsbeziehung abschwächen." (Luhmann 1973, S. 27).

nicht in der Lage, auch nur eine Figur zu ziehen. Schwächer determiniert, weil nicht Maschinenteile, sondern Menschen am Werke sind, aber durchaus in derselben Logik funktioniert idealerweise die Hierarchie (siehe Abschn. 3.2), indem sie aus Anordnungen eine Kausalkette schmiedet.

Konditionalprogramme liefern zum Problem die Lösung schon mit. Diese eingebaute Automatik senkt die Bedeutung der Entscheider, aber die Problematik des Entscheidens verschwindet nicht, sie verlagert sich auf die Entscheidungsprämissen und macht auf diese Weise die Vergangenheit zum gegenwärtigen Streitpunkt: War es wirklich so? War es nämlich anders, muss auch eine andere Zukunft beschlossen werden.

Die Sicherheit, die das Konditionalprogramm verleiht, hat als dunkle Seite eine gewisse Unerbittlichkeit, eine erzwungene Gleichgültigkeit, was die Wirkungen betrifft. Das zeigt sich besonders an den Routinen der Bürokratie (ausführlich dazu: Luhmann 1964). Auf die Steuererklärung folgt der Bescheid mit Erstattung oder Nachforderung, auf die Ordnungswidrigkeit eine Strafe, auf Leistungen in einer Prüfung eine Note zwischen sehr gut und ungenügend. Immer geht es bei der Entscheidung um die Bewertung des Inputs. Eine nicht ausreichende Leistung in einer Prüfung kann nicht besser bewerten werden, indem andere Gründe hinzugezogen werden wie Sympathie, Gesundheit, Schönheit.[2] Hinter dem Konditionalprogramm agieren Menschen, die durchaus Anteil nehmen, Mitleid empfinden oder Freude teilen. Das wird aber bei der Entscheidung nicht mitkommuniziert, höchstens als Trostpflaster auf die schmerzlichste Stelle geklebt. In der Sache bleibt es dabei: Sind die Voraussetzungen (nicht) erfüllt, treten die Folgen (nicht) ein. Das Beschwerdemanagement ist gefordert.

Ein existierendes Konditionalprogramm erleichtert das Entscheiden enorm, die Herausforderung liegt im Formulieren und Institutionalisieren der konkreten Wenn-dann-Beziehungen, deren präziser Bestimmung, deren Rücksichtnahme auf rechtliche Gleichbehandlung und deren Anpassung an sich verändernde Umstände. Alle drei Randbedingungen, Vielfalt, die Präzision erschwert, Anspruch rechtlicher Gleichbehandlung und Veränderungsdynamik, sind generelle Merkmale moderner Gesellschaftlichkeit. Gepaart mit Entscheidungen im Konditionalmodus sind sie verantwortlich für die bekannten Vorwürfe der Verkrustung und des Wucherns, wie sie gegen die Entscheidungsinstanzen regelmäßig erhoben werden. Vielfältige, ambivalente Verhältnisse möglichst

---

[2]Betroffene, die die Entscheidung für zu negativ, und Beobachter, die die Entscheidung für zu positiv halten, greifen bei der Interpretation sehr gerne auf solche anderen Gründe zurück.

präzise zu erfassen und Ausnahmebestimmungen mit dem Gleichheitsgrundsatz vereinbar zu machen weiten den Regelungs- und damit den Personalbedarf der Bürokratie aus.

Ironie und und Innovation Konditionalprogramme haben Ironiepotenzial. Berüchtigt sind die Bemerkungen des Kommunarden und Spaßguerilleros Fritz Teufel, der die formale Verfahrensregel des Aufstehens vor dem Richter mit der Aussage konterte: „Wenn's denn der Wahrheitsfindung dient." Konditionalprogramme können gekoppelt zu widersprüchlichen Kausalschleifen führen. Migranten müssen für eine Aufenthaltsgenehmigung eine Arbeit vorweisen, die es allerdings nicht ohne Aufenthaltsgenehmigung gibt. Schritt 1 erlaubt Schritt 2, der aber auch Bedingung für Schritt 1 ist.

Abschließend sei auf das schöpferische Potenzial von Konditionalprogrammen verwiesen. Im Problemlösungsansatz des „Design Thinking" wird als Variante der Wenn-dann-Programmierung die Frage „was wäre wenn?" vorangestellt. Solche Gestaltungsansätze ähneln Herbert Simons Diktum vom „Entwerfen ohne endgültige Ziele" (1990, S. 139 f.). Durch die Spekulation mit Situationen und Möglichkeiten sollen Entwurfsprozesse laufend angeregt werden und dabei neue Ziele hervorbringen. Das Konditionalprogramm wird so zu einer Maschine für Zweckprogramme.

2.2　Zweckprogramme: Um-zu. Entscheidend ist, was hinten rauskommt

Das Zweckprogramm ist ziel- und damit zukunftsorientiert. Mit dem Zweck soll auf die gegenwärtige Zukunft so zugesteuert werden, dass er sich in der zukünftigen Gegenwart realisiert. Welcher Zweck wird gesetzt, welche Mittel stehen zur Verfügung und werden als (am besten) geeignet angesehen? Mit diesen Fragen eröffnen sich tendenziell unendliche Entscheidungsspielräume, weil nicht nur über Mittel in Abhängigkeit von Zwecken und über Zwecke in Abhängigkeit von Mitteln zu entscheiden ist, sondern weil auch Zwecke in Mittel verwandelt werden können und Mittel in Zwecke, etwa wenn fehlende Mittel erst noch beschafft werden müssen.

> „Man muss zunächst einmal Klarheit darüber gewinnen, dass es sich bei Zwecken immer um ‚Programme' handelt, also um Konstruktionen, die auch anders gewählt werden könnten. Es gibt, nach Kant sollte man das wissen, keine Naturzwecke, die ontologisch vorgegeben sind; auch nicht, und gerade nicht, im Bereich des menschlichen Handelns." (Luhmann 2000, S. 265 f.)

Man hat es mit einem Kausalzusammenhang zu tun, bei dem sowohl die Wirkungen als auch die Ursachen disponibel sind. Was bleibt, ist Risiko. Zur Risikogesellschaft wird die Moderne, weil sie so viele ihrer Entscheidungsprozesse für Zweckprogramme öffnet.

Risikoaffin sind Zweckprogramme in vielfacher Hinsicht. Erstens kann die angestrebte Wirkung ausbleiben. Zweitens kann die Wirkung aus der Sicht anderer Akteure unerwünscht sein und deshalb auf Kritik oder sogar Widerstand stoßen. Drittens kann der in der Zukunft realisierte Zweck aufgrund der dann eingetretenen Umstände seinen Wert so stark eingebüßt haben, dass man im Nachhinein die Mittel lieber für einen anderen Zweck eingesetzt hätte. Viertens kann sich der benötigte Aufwand an Mitteln während der Zielverfolgung erhöhen, vielleicht sogar so sehr, dass der Zweck wieder infrage steht. Fünftens können ungewollte Nebenwirkungen eintreten, die Hinweise in Beipackzetteln von Medikamenten sind der klassische Fall. Vor allem werden gesellschaftliche Großprojekte zunehmend mit der Erfahrung konfrontiert, dass ihr jeweiliger Zweck die Nebenwirkungen nicht mehr zu neutralisieren vermag. In globaler Perspektive verweist der kritische Externalisierungs-Diskurs darauf (vgl. Lessenich 2016), dass die sozial-ökologischen Nebenfolgen der modernen Arbeits- und Lebensweise und die Menschen, die unter ihnen leiden, nicht mehr ohne weiteres als nachrangig eingestuft werden können.

Wille und Weg, Hammer und Nagel Die dahinterliegende Grundsatzdebatte stellt die klassische Frage, ob der Zweck die Mittel heiligt. Der Dissens darüber verrät, dass vom Zweck eine doppelte Leistung erwartet wird, sowohl handlungsleitend zu wirken, als auch Legitimation zu liefern. Weil nicht jeder Zweck als „guter Zweck" durchgeht und weil selbst für den besten Zweck nicht jedes Mittel recht sein kann, bleibt dieser Streit mit Entscheidungen im Modus des Um-zu untrennbar verbunden.

Was sich auf dem Papier analytisch sauber auseinanderhalten lässt – hier Wenn-dann-Entscheidungen, das eine die Ursache, das andere die Wirkung, dort ein Zweckprogramm, das eine die Ziele, das andere die Mittel –, greift in der Praxis auf kaum entwirrbare Weise ineinander. Auch wechselt die Herangehensweise je nach dem, ob Ziele als unveränderlich gesetzt werden und das Motto gilt, wo ein Wille ist, ist auch ein Weg, oder ob die Mittel als unverrückbarer Ausgangspunkt genommen werden. Für den Fall, dass die Mittel die Ziele dominieren, lautet das entsprechende Bonmot von Paul Watzlawick: „Wer als Werkzeug nur einen Hammer hat, sieht in jedem Problem einen Nagel." Der Versuch, Ordnung in Zusammenhänge und Abläufe zu bringen, hat einen Namen: Strategie.

2.3 Strategie als hohe Schule des Entscheidens

„Everyone has a plan 'till they get punched in the mouth." (Ex-Boxweltmeister Mike Tyson)

Die Entscheidung adelt es, wird sie mit dem Adjektiv strategisch ausgestattet. Schon das Wort Strategie macht die Dinge wichtig. Strategie gilt als große Entscheidung, denn sie ist zuständig für das Erreichen großer Ziele, die sie manchmal vorfindet, etwa die Wettbewerbsfähigkeit eines Unternehmens zu sichern oder einen Wahlkampf zu gewinnen, die sie manchmal auch selbst sucht, etwa Marktführer oder eine fahrradfreundliche Stadt zu werden. Sich für eine Strategie zu entscheiden, bedeutet Prämissen zu setzen für eine unbekannte Menge künftiger, bis zum Erreichen des Ziels noch anstehender Entscheidungen.

Nicht zufällig bilden Krieg, Kampf, Rivalität, Wettbewerb den Kontext, wenn Strategie gefragt ist. Stratege meint ursprünglich den Heerführer, von stratos (Heer) und agos (Führer). Über Strategie wird auf höchster Ebene entschieden, wie es der etymologische Zusammenhang zwischen Strategie und Führung anzeigt. Es provoziert Vorwürfe, ein Unternehmen, einen Wahlkampf oder eine Kampagne zu führen, ohne eine Strategie dafür nachzuweisen. Die Aufgabe des Strategen besteht nach dem preußischen Militärtheoretiker Carl von Clausewitz darin, einzelne Gefechte zum Zweck des siegreichen Krieges zu ordnen. Strategie kann in diesem Sinne als eine Dramaturgie mit raum-zeitlicher Strukturiertheit von Handlungsfolgen beschrieben werden. Analogien zu den darstellenden Künsten und zur Musik insbesondere zum Orchesterkonzert werden gerne gezogen. „Orchestrierung" ist eine beliebte Floskel des Managements und ein Leitmotiv der Werbebranche. Ob die Metapher trägt, ist nicht nur in Musikerkreisen fraglich.

„Wie antwortete der erste Geiger der Berliner Philharmoniker einst auf die Frage, was Karajan denn dirigiert habe? ‚Was er dirigiert hat, kann ich nicht sagen. Ich weiß nur, was wir gespielt haben.'" (zit. n. Simon 1997, S. 115)

Dass es sich bei der Strategie um eine besonders herausfordernde Art und Weise des Entscheidens handelt, lässt sich auch daran erkennen, dass Strategiefähigkeit infrage gestellt oder gar aberkannt wird. „Bis heute ist systematische Strategie in der Politik ein Fremdkörper", kritisieren Joachim Raschke und Ralf Tils (2011) und fordern „Politik braucht Strategie – Taktik hat sie genug". Ex-Bundeskanzler Gerhard Schröder ist für sie ein Strategieverweigerer, „ein Beispiel für Führung ohne Richtung. Er war immer macht- und situationsorientiert, nie programm- und richtungsorientiert" (Raschke und Tils 2007, S. 512).

Die strategische Entscheidung beansprucht, längerfristige Festlegungen und aktuelle Spielräume zu integrieren, den momentanen Abschnitt im Licht der gewählten langen Linie zu beurteilen und umgekehrt die generelle Ausrichtung anhand der je gegenwärtigen Entwicklungen zu überprüfen. Dieser Doppelcharakter der Strategie macht die sogenannte Entscheidungsschleife zu einem immer wieder empfohlenen Instrument. Ausgearbeitet hat sie der amerikanische Pilot und Militärstratege John Boyd (1927–1997) unter der Bezeichnung „OODA-Loop" (vgl. Richards 2004, S. 62 f.). Das Akronym steht für die Phasen „Observe", „Orient", „Decide" und „Act" im Entscheidungsprozess. Ausgangspunkt ist die Beobachtung und Einschätzung der Situation („Observe"), die in den Kontext der strategischen Vorentscheidung eingeordnet wird und so zur Orientierung verhilft („Orient"), um eine aktuelle Entscheidung („Decide") zu fällen, die dann („Act") umgesetzt wird. Danach beginnt die Entscheidungsschleife neuerlich.

Geradlinigkeit ist unstrategisch Schließlich sieht man das Anspruchsvolle der strategischen Entscheidung auch daran, dass von einem einheitlichen Strategieverständnis keine Rede sein kann. Henry Mintzberg hat mit seinen Koautoren Bruce Ahlstrand und Joseph Lampel den Dschungel der Strategieüberlegungen kartiert. Auf ihrer „Strategy Safari" haben sie zehn verschiedene Strategieschulen identifiziert und dabei fünf grundlegende Strategieverständnisse unterschieden: Strategie als Plan, Perspektive, List, Position und Muster. (Mintzberg et al. 1999, S. 22–29) Diese Typenbildung spiegelt die Komplexität strategischen Entscheidens, ihre Aussagekraft erschließt sich, wenn man sie auf den Entscheidungsbegriff zurück bezieht. Halten wir dafür noch einmal fest: Die klassische Strategie, verstanden als Plan, folgt einem Zweckprogramm, sie definiert ein Ziel. Sie entscheidet über Mittel und Wege, das Ziel zu erreichen, und sie versucht, die Entscheidungen anderer Akteure zu berücksichtigen, die das verhindern, behindern oder fördern können.

Die Normalvorstellung eines Plans hat zunächst nichts Strategisches. Pläne sind seit alters die Entscheidungen, welche die Strecke zwischen Start und einem nicht ohne weiteres erreichbaren Ziel überbrücken. Sich einen Plan zu machen, gilt einerseits als vernünftig, andererseits haben Pläne, eben weil sie Entscheidungen sind, die fehlschlagen können, keinen guten Ruf. Das Verhältnis von Machbarkeit und Brauchbarkeit der Pläne – „everyone has a plan 'till they get punched in the mouth" – hat Mike Tyson schlagfertig kommentiert.

Kein Stratege wird einen normalen Plan akzeptieren. Geradlinigkeit ist unstrategisch, weil ihr die innere Spannung fehlt zwischen Weitsicht und den Details des Augenblicks, die Umwege, Abkürzungen, Zwischenstopps sinnvoll machen können. Weitsicht, die als Perspektive visionär wird, setzt eigene strategische Akzente. Die große Debatte über Steuerung (vgl. Willke 2001) schließt hier an, denn sobald Pläne und Perspektiven nicht nur das eigene, sondern auch das Verhalten anderer betreffen, bleiben sie unerfüllt, wenn diese sich nicht daran halten – weshalb sollen sie? Lösungen sind den Doppelnamen Zentralismus und Hierarchie bekannt (siehe Abschn. 3.2).

Odysseus und das trojanische Pferd Die andere Seite des großen Plans ist die kleine List, der überraschende Spielzug, die gelungene Täuschung. Während der Plan einen Hang zur Nabelschau hat, hat die List von Anfang die anderen im Auge. „The idea behind strategy is to create chaos in the opponent, not in ourselves." (Richards 2004, S. 82) Das Ansehen der List ist kulturabhängig, der mitteleuropäische Kulturkreis signalisiert eher Abneigung und schreibt sie mehr Gaunern, Betrügern oder Schwindlern zu. In der hellenischen Mythologie ist Listigkeit das notwendige Kriterium der Agonistik, Odysseus ihr Meister und das trojanische Pferd ihr Symbol. Das umfangreiche Arsenal chinesischer Listen hat vor allem der Sinologe Harro von Senger unter dem Kunstwort *Strategem* in Europa bekannt gemacht. Die 36 Strategeme (vgl. Senger 2011) umfassen ein Arsenal von Tricks und Kunstgriffen, mit welchen Strategen die Handlungsbedingungen zu ihrem Vorteil verändern. Eine Anekdote zu Strategem 15 – den Tiger vom Berg in die Ebene locken – besagt, anlässlich des Besuchs eines chinesischen Politikers in Berlin habe der deutsche Gastgeber auf das Thema Menschenrechte gedrängt. Der chinesische Gast habe das Thema dankend aufgenommen und betont, dass er sehr gerne mit seinem Gastgeber über Menschenrechte sprechen und höflicherweise im Jahr 1933 beginnen werde. Das siebte Strategem – „Etwas aus einem Nichts Erzeugen" – lässt an die inzwischen erfolgreiche Vermarktung von Halloween und Valentinstag denken.

Die List soll die eigene Position verbessern, die Positionierung steht im Zentrum strategischer Entscheidungen, die am Unterschied arbeiten und nach Alleinstellungsmerkmalen suchen. Wer bin ich, wo stehe ich, was sind meine Stärken, was habe ich wem zu bieten, lauten Fragen, welche die Strategie als Position stellt. Bekannte Antworten sind, wie „Manufaktum" in der Wegwerfgesellschaft das gute Alte anzubieten, die erste vegetarische Döner-Imbissbude der Stadt zu eröffnen, den schnellsten und kostengünstigsten Austausch von Windschutzscheiben zu versprechen. Auf das Verfallsdatum solcher Strategien darf gewettet werden, aber auch vorübergehende Erfolge heben die Stimmung und verschönern die Bilanz.

Strategie als Muster steigt nicht als Geist aus dem Chefsessel empor, sondern kommt aus der Kultur der Organisation. Zwar betrifft Kultur gerade das Selbstverständliche, das nicht zur Entscheidung Freigegebene, doch das gilt eben nur für die eigene; andere Kulturen werden als veränderbare Vorentscheidungen wahrgenommen. Eingefahrene Praktiken, Denk- und Handlungsgewohnheiten, Pfadabhängigkeiten können Akteure leichter an anderen erkennen als am eigenen Verhalten. Deshalb kann Mustererkennung helfen, Strategien der anderen zu durchschauen. Seit die Digitalisierung erlaubt, vorher nie dagewesene Datenmenge zu sammeln und zu sichten, hat die Mustererkennung ihr Ursprungsgebiet, die Konsumforschung, weit überschritten bis hinein ins Profiling, der Personensuche für Arbeit und Strafverfolgung.

Scheuklappen und Seitenblicke Das Resümee, das Mintzberg et al. ziehen, ist auch unseres. „Deshalb kommen wir zu dem Schluss, dass Strategien für Organisationen eigentlich das sind, was Scheuklappen für Pferde sind: Sie halten sie zwar auf einem geraden Weg, erschweren aber den Blick zur Seite." (1999, S. 32) Den Blick zur Seite in die Strategie zu integrieren, erscheint nicht ausgeschlossen, allerdings ist auch er ein Blick ohne Gewähr. In der Summe spricht nichts gegen die Nützlichkeit strategischer Entscheidungen, aber alles gegen deren Überhöhung zu Himmelsleitern, wie sie die Consulting-Branche pflegt. Idee und Aufstieg des strategischen Managements hängen mit der Expansion externer Unternehmensberatung direkt zusammen. Der Grundansatz der Strategie als Zweckprogramm steht außer Frage. Das hindert Unternehmensberater nicht, aus Gründen der Effektivität ihrer Arbeit Konditionalprogramme anzuwenden. Sie reisen mit Koffern voller Tools an, die die Aufschrift „wenn-dann" tragen, und für den Anwendungsfall zum Ausmalen der weiteren Aussichten nur eine einzige Farbe vorrätig haben: rosa.

Entscheidungsmix: Demokratie, Hierarchie, Markt 3

Ihre mannigfaltige gesellschaftliche Präsenz lässt sich nicht erfassen, wenn die Entscheidung nur als ein Vorgang im Kopf (oder im Bauch) von Individuen gesehen wird. Der Rückzug auf das handelnde Individuum als letzter Entscheidungsinstanz vermag wenig zu klären, er vernachlässigt nicht nur den Unterschied zwischen individuellen und kollektiv verbindlichen Entscheidungen, er verdeckt auch, wie verschiedenartig die Verhältnisse sind, in welchen sich moderne Individuen zu bewegen haben. In der Politik, in Unternehmen und auf Märkten wird so unterschiedlich entschieden, dass die Grundoperation Entscheidung leicht aus dem Blick gerät. Gesellschaftspolitisch ist der moderne Entscheidungsmix nicht leicht auszuhalten, das zeigen die kontroversen Debatten, die Demokratie, Hierarchie und Markt gegeneinander in Stellen bringen, einen Entscheidungsmodus zugunsten eines anderen einschränken oder gar abschaffen wollen.

Im Unterschied zur handlungsorientierten empirischen Sozialforschung entfalten wir die Entscheidung analytisch auf der Grundlage des Kommunikationsbegriffs, also anhand der Unterscheidungen Information, Mitteilung und Verstehen (vgl. Luhmann 1987, S. 191 ff.). Das Erste, das aus dieser Perspektive zu sehen ist, ist die Unsichtbarkeit wesentlicher Komponenten der Kommunikation und damit auch des Entscheidens. Mitteilungen lassen Rückschlüsse zu auf den Informationshaushalt, aus dem sie ausgewählt wurden, aber die zugrundeliegenden Informationen selbst können nur die Absender kennen. Absender daraufhin zu befragen, kann weiterhelfen, macht aber nur begrenzt Sinn, denn dabei können wiederum nur Mitteilungen herauskommen. Dasselbe gilt für die Verstehenskomponente. Die Reaktionen der Rezipienten lassen Rückschlüsse zu, wie die Mitteilung verstanden worden ist, aber ihr Verständnis selbst können nur die Rezipienten kennen. Rezipienten daraufhin zu befragen, kann weiterhelfen,

© Springer Fachmedien Wiesbaden GmbH, ein Teil von Springer Nature 2019
H.-J. Arlt und J. Schulz, *Die Entscheidung,* essentials,
https://doi.org/10.1007/978-3-658-27061-2_3

macht aber nur begrenzt Sinn, denn dabei können wiederum nur Mitteilungen herauskommen. Empirische Sozialforschung behandelt Kommunikationen wie Schnittblumen, sie beobachtet und beschreibt Blüten und Blätter, die Wurzeln bleiben außer Acht.

Diese Unsichtbarkeiten am Kommunikationsprozess haben Folgen für die Möglichkeiten, Entscheidungsprozesse zu beobachten. Die Überbetonung persönlicher Eigenschaften von Führungskräften ist ein solches Ausweichmanöver, das Sichtbares auswalzt, um vom Unsichtbaren nicht reden zu müssen. Wenn die Mitteilung die Form der Entscheidung annimmt, wird Selektion betont, Zustimmung erwartet, Exekution in Aussicht gestellt.

Selektion: Während Gewohnheiten und Routinen den Auswahlcharakter sowohl der Information wie der Mitteilung überdecken und dem kommunikativen Handeln dadurch Leichtigkeit und Reibungslosigkeit verleihen, beruht die Entscheidung gerade auf der bewusst vollzogenen Selektion. Sie macht den selektiven Grundcharakter allen kommunikativen Handelns offensichtlich. Wie jede Mitteilung so kann auch die Entscheidung nur eine Auswahl aus dem Informationsfundus der Entscheidungsinstanz sein, der seinerseits nur eine (minimale) Teilmenge aus dem verfügbaren Weltwissen darstellt, vom Nichtmehr- und Nochnichtgewussten ganz zu schweigen. Was Absender nicht wissen, können sie nicht mitteilen, eben so wenig können Entscheider für Möglichkeiten votieren, die sie nicht kennen.

Zustimmung: Für die Adressatenseite dramatisiert sich das Anschlusshandeln. Die alternative Option zwischen Ja und Nein, die jeder Kommunikation inhärent ist, bekommt in der Entscheidungskommunikation herausragende Bedeutung, weil beachtliche soziale Folgen an ihr hängen. So legt ein Nein den Grundstein für einen Konflikt, da der Absender, der sich mit seiner Entscheidung erkennbar festgelegt hat, in der Regel ein Ja erwartet. Darüber hinaus können sich Adressaten aus übergeordneten Gründen unter Druck stehen zuzustimmen, obwohl sie die Entscheidung für falsch halten, was Konsequenzen dafür haben dürfte, wie die Entscheidung von ihnen umgesetzt wird, jedenfalls nicht mit Begeisterung. Die Motivationsfrage gehört in Organisationen zu den meistdiskutierten Problemen.

Exekution: Im Unterschied zu Mitteilungen, bei denen es wie etwa im Fall der Unterhaltung auf den Erlebniswert ankommt, impliziert die Mitteilung als Entscheidung einen besonderen Tatendrang. Sie zielt häufig auf ein exekutierendes Anschlusshandeln, wird sie doch gerade nötig, um zwischen unterschiedlichen Handlungsmöglichkeiten eine Wahl zu treffen. Nicht selten, wie im Fall der Krise, entspringt sie schon einem Handlungsdruck.

Richter und Scharfrichter zugleich Hat man die Entscheidung als Mitteilungskomponente der Kommunikation identifiziert, weiß man noch nichts darüber, wie sie sich vollzieht. Vorstellbar sind zwei Extreme. Den einen Pol bildet eine Person, die alleine entscheidet und ihre Entscheidung dadurch mitteilt, dass sie diese ausführt: Die Entscheidung kommt als vollendete Tatsache in die Welt, mit Richter und Scharfrichter in Personalunion. Den anderen Pol bildet ein gemeinsamer öffentlicher Entscheidungsprozess aller potenziell betroffenen Akteure, die sich über den Sinn der Entscheidung verständigen, das Spektrum der Möglichkeiten ausloten, die Gründe für die Wahl einer bestimmten Option erörtern, diese konsensual oder mehrheitlich beschließen und dann gemeinsam ausführen.

Versucht man, die Variationen zwischen den beiden Polen zu ordnen, so zeigt sich ein dreifaches Nebeneinander von erstens kollektiv verbindlichen und eigenen Entscheidungen (der Personen und Organisationen), zweitens so konträren Entscheidungsmodi wie Demokratie und Hierarchie, drittens von Planung und der gewollten Ergebnisoffenheit des Marktes. Faszinierend dabei ist, wie es in der modernen Gesellschaft gelingt, dass die Individuen einerseits als Organisationsmitglieder sich aus freiem Entschluss in Abhängigkeiten begeben und andererseits als Marktteilnehmer sich unter Abhängigkeiten als frei erleben zu entscheiden.

3.1 Die Interessen der anderen. Lösung Allgemeinwohl

Eigene Entscheidungsmöglichkeiten geltend zu machen gegen staatliche Herrschaft, dieser moderne Ursprungskonflikt durchzieht die Neuzeit als Dauerkontroverse. Ist die Differenz zwischen Allgemein- und Privatinteresse anerkannt und verankert, vermag im Prinzip keine Entscheidung dieser Doppelperspektive mehr auszuweichen. In der Praxis werden Akzente gesetzt und in der Kommunikation Favoriten ernannt: „Das Ich entscheidet", „Gemeinnutz geht vor Eigennutz", „Wenn jeder an sich denkt, ist an alle gedacht", „Eigentum verpflichtet. Sein Gebrauch soll zugleich dem Wohle der Allgemeinheit dienen."

Ob so wenig wie unbedingt nötig oder so viel wie möglich staatlich geregelt werden soll, verliert als Problemstellung nicht an Aktualität, weil die Politik als zuständige Instanz für kollektiv verbindliche Entscheidungen vor der Frage, *wie* sie etwas regelt, ständig neu entscheiden muss, *ob* sie etwas regelt, sprich: entscheidet. Als Streitthema bleibt das Verhältnis staatlicher und eigener Entscheidungen in der Politik unerschöpflich. Haben sich (wie im real nicht mehr existierenden Sozialismus) eigene Entscheidungen der Personen und

Organisationen in erster und letzter Instanz vor dem (wie immer definierten) Allgemeinwohl zu rechtfertigen? Oder müssen sich kollektiv verbindliche Entscheidungen vorrangig gegenüber den Eigeninteressen bewähren, werden sie abgewertet, zu bürokratischen Hindernissen für die fortschrittliche Dynamik der Privaten erklärt? Politisches Entscheiden gerät in der Moderne in die missliche Lage, Erwartungen auf sich gerichtet zu sehen, die es weder ablehnen noch erfüllen kann. Das betrifft sowohl das Ziel, ein Gemeinwohl zu realisieren, als auch den Entscheidungsprozess, der demokratisch sein soll.

Ziel: Mit ihrem organisatorischen Zentrum, dem Staat, bleibt die Politik in der Moderne zwar die einzige gesellschaftliche Instanz, die für alle (in der Regel innerhalb nationaler Grenzen) verbindliche Entscheidungen treffen kann, aber das politische System selbst bildet – anders als vormoderne Herrschaftsformen – weder Zentrum noch Spitze der Gesellschaft, sondern funktioniert als ein Leistungsfeld unter anderen. Die Politik hat Gesamtverantwortung, aber nicht die Führung. Sie muss nicht nur andere – z. B. wirtschaftliche, wissenschaftliche, massenmediale – Entscheidungsinstanzen neben sich dulden, sondern sich gerade darin bewähren, für die anderen gesellschaftlichen Leistungsfelder Rahmenbedingungen sicher zu stellen, die es deren Akteuren möglichst erleichtern, ihre Ziele zu erreichen. Deshalb ist sie als Krisenmanagerin gefordert, sobald sich gravierende negative Folgen der Entscheidungen zeigen, welche die Organisationen und Personen in ihrem Eigeninteresse getroffen haben. Politik muss im Allgemeininteresse entscheiden – aber wer definiert es? Weil es nur im Vergleich mit artikulationsfähigen Eigeninteressen formulierbar ist, existiert das Ziel der Politik, das Allgemeinwohl, nur als Streitpunkt, es ist für den Meinungskampf verfügbar.

Prozess: Die Differenz zwischen Allgemein- und Eigeninteresse wird umso weniger zum Problem, je besser sich die Privatinteressen in den politischen Entscheidungen aufgehoben fühlen. Moderne Politik tritt deshalb so auf, dass sie im Kern von sich behauptet, es seien die gesellschaftlichen Akteure selbst, welche die kollektiv verbindlichen Entscheidungen treffen. Dieses „Sich-selbst-zugleich-Befehlen-und-Gehorchen" (Luhmann 2002a, S. 353) heißt Demokratie. Ohne ein Demokratie-Versprechen ist moderne Politik nicht legitimationsfähig. In einer pervertierten Version praktizieren politische Entscheider zwar Diktatur, propagieren aber, dies geschehe im Namen des Volkes. Die Bezeichnung „demokratische Volksrepublik" treibt die sprachliche Legitimation auf die Spitze.

Der demokratische Umgang mit der Differenz zwischen Allgemein- und Eigeninteresse erlaubt es auch, die Entscheidungen der Personen und Organisationen unter dem Gesichtspunkt eines wie immer definierten Allgemeininteresses zu problematisieren. Erwartet wird vor allem, und im Begriff des Staatsbürgers wird diese Erwartung ausgedrückt, dass die Akteure dort, wo sie sich an politischen Entscheidungsprozessen beteiligen, über ihre Privatinteressen hinauszudenken und einen Bezug zum Gemeinwohl mitdenken. Aber nichts schützt die Politik davor, dass diese Erwartung enttäuscht wird.

Hinzu kommt, dass demokratische Prozesse normativ anspruchsvoll angelegt sind – Jürgen Habermas' Begriff des herrschaftsfreien Diskurses ist das besonders ambitionierte Beispiel. Dadurch bleibt die Praxis immer dafür kritisierbar, dahinter zurück zu bleiben. Das gilt zuvörderst für die Vorstellung, kollektiv verbindliche Entscheidungen müssten im Konsens getroffen werden.

> „Die Vorstellung eines Konsensus ist, wenn man dabei an die wirklichen aktuellen Bewusstseinszustände wirklicher Einzelmenschen denkt, so abwegig und so wenig wünschenswert, dass man diejenigen, die dies als Ideal proklamieren und Institutionen daran zu messen versuchen, grobe Missachtung der Individualität des Menschen vorwerfen muss." (Luhmann 1987, S. 138)

Aus der Entscheidungsperspektive versteht man, warum Kritiker der Politik in der Regel einen weit besseren Ruf haben als die politischen Akteure. Politikverdrossenheit überrascht nicht mehr, wenn man sich die Dilemmata klar macht, in denen sich moderne Politik systematisch befindet, sowohl was ihre Ziele als auch was ihre Prozesse betrifft.

3.2 Die Unverfügbarkeit der anderen. Lösung Führung

Aus der Entscheidungsperspektive ist weder das Individuum noch die Gesellschaft so interessant wie die Organisation. Erstens ist sie selbst schon ein Resultat von Entscheidungen: Sie wird zu einem ausgewählten Zweck gegründet, die Zugehörigkeit ihrer Mitglieder beruht, wenn es sich nicht gerade um ein Gefängnis handelt, auf beiderseitiger Zustimmung und ihr exekutierendes Handeln verlangt vorgängiges Entscheiden. Zweitens entscheidet die Organisation sowohl (intern) kollektiv verbindlich, als auch trifft sie (nach außen) ihre eigenen, unabhängigen Entscheidungen.

Interne Organisationsentscheidungen können, zum Beispiel in Parteien oder Verbänden, auf demokratische Entscheidungsprozesse verpflichtet sein; dann sehen auch sie sich regelmäßig der Kritik ausgesetzt, in der Praxis hinter demokratischen Maßstäben zurück zu bleiben. Oder sie folgen, wie in den meisten Unternehmen, der hierarchischen Leitdifferenz oben oder unten; dann sind es gewöhnlich die Eigentümer, die über Ziele und Mittel entscheiden, beziehungsweise Entscheidungsbefugnisse an ein Management delegieren.

Organisationen in einer hierarchisch strukturierten Gesellschaft reproduzieren das gesellschaftliche Oben und Unten, Unternehmen erscheinen wie entmilitarisierte Armeen. Die moderne basale gesellschaftliche Disposition für Freiheit (und Gleichheit) hingegen ruft nach Demokratie. Die Unterordnung, der sich Mitglieder hierarchischer Organisationen aussetzen, steht dazu im Widerspruch, der als gesellschaftspolitischer Widerstreit ausgetragen wird, als Kritik der Hierarchie, aber auch als Kritik der Demokratie.

Wer Mitglied einer hierarchischen Organisation wird, entscheidet sich immerhin dafür, auf eigene Entscheidungsmöglichkeiten mehr oder weniger zu verzichten und in rechtlich geregelter Weise über sich verfügen zu lassen. Man kann, wenn man bereit ist, Tausende von Jahren sozialer Evolution zu ignorieren, darin eine natürliche Disposition des Menschen sehen.

> „Man muss nichts Besonderes tun, damit sich hierarchisches Verhalten einstellt – es liegt an unseren Instinkten. Ein Wolfsrudel wird immer einen Führer aus seiner Mitte finden – und beim Menschen ist es nicht anders." (Derks 2000, S. 115)

Die moderne hierarchische Organisation zeichnet sich nun gerade dadurch aus, dass ihre Unterscheidungen zwischen oben und unten nicht auf einer natürlichen oder „heiligen" Ordnung basieren, sondern auf Entscheidungen. „War die Hierarchie früher eine Herausforderung, weil sie nicht zum Gegenstand der Entscheidung gemacht werden konnte, so ist sie heute eine Herausforderung, weil man so etwas wie eine Hierarchie erst einmal auf die Beine stellen können muss und dazu nichts anderes hat als – Entscheidungen." (Baecker 1999, S. 198).

Ihre Funktion, effektives kollektives Handeln zu gewährleisten, erfüllt die Hierarchie, indem sie Erreichbarkeit, Verzicht auf Gegenrede und gegebenenfalls doch nötige Konfliktlösung sicherstellt. Der Bezug zur Entscheidung liegt auf der Hand: Adressaten jederzeit erreichen und Weisungen mitteilen zu können; mit reibungsloser Ausführung rechnen, Dissens mittels einer Entscheidung von oben jederzeit auflösen zu können. Damit wirft die Unternehmens-Hierarchie für Entscheidungen typische Probleme auf, beginnend mit der Informationsfrage. Die oben ankommenden Mitteilungen, wie ihre Auswahlkriterien auch gewesen sein und wie sie oben auch bewertet werden mögen, bilden die Entscheidungsgrundlage. Was von unten und von außen nicht mitgeteilt oder oben als irrelevant beiseite geschoben wird, geht in die Entscheidung nicht ein. Ist die Entscheidung gefallen, sichert die Hierarchie zwar die Erreichbarkeit der Adressaten und schützt vor Gegenrede. Aber wie die mitgeteilte Entscheidung unten verstanden wird, wie viel tatsächliche und wie viel gespielte Zustimmung ihr entgegengebracht wird, ob sie motivierend oder eher demotivierend wirkt, das alles sind Fragen, die im hierarchischen Entscheidungsprozess entstehen, nicht vergehen und nicht gelöst werden.

Entscheidungen mögen zweckrational begründbar sein. Die angeführten guten Gründe müssen aber mit den eigentlichen Motiven der Entscheider nichts zu tun haben. Der Organisationswissenschaftler Brunsson (1989) spricht sogar von organisationaler Heuchelei, weil Entscheiden, Reden und Agieren in keinem sachlichen oder temporalen Zusammenhang zu stehen brauchen. Das Phänomen wird unter Mikropolitik behandelt (vgl. Neuberger 2002).

Die angebotene (Schein-)Lösung heißt Führung. Die Führungskräfte werden beobachtet, sie werden auf ihre Sachkompetenz, ihre soziale Performanz und auf ihren motivierenden Einfluss hin beurteilt. Geraten Unternehmen in Schwierigkeiten, wird Führungskräften fehlende Kompetenz, schlechte Performanz, schädlicher Einfluss nachgesagt. Nicht selten landet die Führungsliteratur dann doch bei Erörterung der Frage, welche Qualitäten Leitwölfe mitbringen müssen. Weil Unternehmen in der digitalen Transformation frühere Routinen aufgeben, über ihre Strukturen und Prozesse neu entscheiden müssen, genießt das Führungsthema höchste Aktualität. Vieles spricht dafür, dass diese Aktualität anhalten wird, weil in den turbulenten globalisierten Umwelten Routine nur noch schwer zu etablieren, Führung ständig gefordert ist.

3.3 Die Unberechenbarkeit der anderen. Lösung unsichtbare Hand

Der Markt mit seiner Leitdifferenz von Angebot und Nachfrage erscheint als das Eldorado des freien Entscheidens. Was immer die Akteure wollen, kann (bis an den Rand der Legalität) angeboten und nachgefragt werden. Im Vergleich dazu stellen sich die beiden bekannten Alternativen als äußerst unattraktiv dar. Die eine, nichts anzubieten zu haben, alles selbst zu (ver)brauchen, charakterisiert Mangelsituationen ohne eigene Entscheidungsmöglichkeiten; sich als Selbstversorger innerhalb eines bestehenden Marktes zu verhalten, ist eine Luxusvariante – unter Marktbedingungen. Die andere Alternative besteht darin, sich vorab

gemeinsam darüber zu verständigen, was angeboten werden soll. Ohne demokratische Entscheidungsprozesse entstehen dabei vormundschaftliche Verhältnisse, und Mehrheitsentscheidungen führen dazu, dass Minderheiten zumindest
zeitweise leer ausgehen. Für den Versuch, über jedes einzelne Angebot Konsens herzustellen, gibt es keinerlei Garantie, dass nicht Konflikt statt Konsens
herauskommt; abgesehen von der Zeit, die solche Versuche kosten, die für die
Realisierung von Angeboten dann fehlt.

Dass sich Alternativen als problematisch erweisen, macht den Markt nicht
problemlos. Er erweist sich im Gegenteil als der soziale Ort, der wie kein ande-
rer Illusionen über das freie Entscheiden erzeugt. Nirgendwo sonst setzen die
Akteure sich im Namen der Freiheit gegenseitig so sehr unter Druck wie auf dem
Markt. Der Grund ist kein Geheimnis. Auf dem Markt treten real existierende
Abhängigkeiten im Kostüm der Unabhängigkeit auf und gleichzeitig unterliegen
tatsächliche Entscheidungsfreiheiten massiven Beeinflussungsversuchen auf der
Nachfrageseite sowie auf der Angebotsseite starkem Konkurrenzdruck.

Eigene Entscheidungen als fremde Macht Ein wenig konkreter: Sind lebens-
notwendige Güter nur auf dem Markt zu bekommen, kann die Nachfrage nicht
darüber entscheiden, *ob* sie ein Angebot annimmt, sondern nur welches; das weitere regelt die Zahlungsfähigkeit. Weil Anbieter andererseits von der Nachfrage
abhängig sind, müssen sie auf einem Käufermarkt, in dem das Angebot größer
als die Nachfrage ist, versuchen, die Bedürfnisse der Kunden besser als die Kon-
kurrenz zu bedienen. Beim Marketing, verstanden als marktorientierte Unter-
nehmensführung, bleibt zunehmend fraglich, wer wen orientiert – das Angebot
die Nachfrage oder umgekehrt.

Auf dem Markt treten den Akteuren, das erläuterte schon Marx, ihre eigenen Entscheidungen als eine fremde Macht gegenüber, die sie als eigenwillig
erleben, als unruhig, als gesättigt, als volatil (vgl. Ötsch 2009). Das Plädoyer für
die freie Entfaltung der Marktkräfte bedeutet im Kern, es soll möglichst wenig
kollektiv verbindlichen Entscheidungen geben, welche den Spielraum der Einzel-
entscheidungen der Organisationen und Personen einschränken. Dahinter steht
die Vorstellung, dass es besser sei, von dem unbekannten Resultat freier Entscheidungen abhängig zu sein, als von einer übergeordneten Instanz, wie demokratisch sie auch organisiert sein mag, die (ökonomische. soziale, ökologische)
Zielvorgaben macht.

Auf dem Markt treffen unberechenbare Konsumenten (Gabriel und Lang
1995) auf ebenso unberechenbare Produzenten, bei denen zunehmend fraglich ist, worüber sie entscheiden, wenn der ursprüngliche Zweck der Knapp-
heitsminderung erfüllt ist. Abhängig zu sein von unberechenbaren Anderen und

dabei auch selbst sowohl abhängig als auch unberechenbar zu sein, in dieser Konstellation müssen Personen wie Organisationen versuchen, das Beste daraus zu machen.[1] Die Lösung, die in der Selbstdarstellung der Moderne trotz aller Glaubwürdigkeitsbedenken hoch im Kurs steht, ist die Hoffnung auf die unsichtbare Hand. Sie sorge dafür, so wird es aus der schottischen Moralphilosophie überliefert, dass es am Ende allen zum Wohl gereiche, wenn nur jeder das Beste für sich daraus mache. Die Sozialform, die jeden genau dazu auffordert, ist die Karriere.

---

[1]Unter der Voraussetzung von Abhängigkeiten frei zu entscheiden, stellt eine so große Herausforderung dar, dass Logiker, Mathematiker und Philosophen sich mit aller intellektuellen Kraft daran abarbeiten. Das Gefangenendilemma, das Nash Gleichgewicht, die Spieltheorie sind drei allgemein bekannte Beispiele.

Karriere: „Sollenshypertrophie bewirkt Seinsvermiesung"

4

"An einer schmuddeligen Ecke am Astor Place stieg er aus und wanderte die Bowery entlang, die er bisher nur vom Taxi aus gesehen hatte, deren Ruf ihn aber plötzlich reizte – ein ganzes Viertel von Aussteigern und Trinkern, von Menschen, die, wie sein Vater ihm oft vor Augen hielt, vom Rest der Gesellschaft nur durch vier oder fünf Entscheidungen getrennt waren". (Thompson 2014, S. 68).

Wenn entscheiden heißt, Alternativen bedenkend zu handeln, dann kann die Karriere auf die Kurzformel gebracht werden, Alternativen bedenkend zu leben. Überhaupt teilt die Karriere als „Einheit der Differenz von aktualisierten und nicht aktualisierten Möglichkeiten" (Corsi 1993, S. 257) die Struktur der Entscheidung. Heute können Menschen nicht vermeiden, daraufhin beobachtet zu werden, welche Karrieren sie (nicht) machen. Sie mögen sich entscheiden, sich selbst nicht unter Karrieregesichtspunkten wahrnehmen zu wollen, aber dafür müssen sie sich explizit entscheiden, gesellschaftlich nahegelegt wird ihnen etwas anderes. Am Wettlauf nicht teilzunehmen, schützt im Übrigen nicht davor, als jemand zu gelten, der ihn nicht gewonnen hat.

Auch wenn Karrieristen, die sich ihren Weg mit den Ellenbogen freizumachen versuchen, unbeliebt sind, so ist das Wort Karriere[1] alltagssprachlich eher positiv besetzt, obwohl es zunächst nur den Verlauf meint, unabhängig davon ob er

---

[1]Der Karren, die Fahrstraße, auch die Rennbahn stecken etymologisch im Wort Karriere; von daher „bleibt die Frage, wie man den Karren durch den Dreck zieht" (Hitzler und Pfadenhauer 2003, S. 9). „Das Wort selbst zumindest in seiner heutigen Bedeutung wird im 17. Jahrhundert in Frankreich geprägt und verbreitet sich ab dem 18. Jahrhundert in Italien und später in ganz Europa." (Corsi 1993, S. 254).

Marquard (1986, S. 127).

© Springer Fachmedien Wiesbaden GmbH, ein Teil von Springer Nature 2019
H.-J. Arlt und J. Schulz, *Die Entscheidung,* essentials,
https://doi.org/10.1007/978-3-658-27061-2_4

nach oben oder nach unten führt, stagniert oder auf Umwege gerät. In der Karriere kumulieren eigene und fremde Entscheidungen zu einem Lebenslauf, der durch Geburt, Standes- oder Klassenschranken zwar stark beeinflusst, aber nicht mehr determiniert ist. Impliziert ist ein Werturteil über Aufstieg und Abstieg, über ein erstrebenswertes Oben und ein zu vermeidendes Unten. Didier Eribons (2016) „Rückkehr nach Reims" legt davon ein aktuelles literarisches Zeugnis ab. Im Fall der Entscheidung liegt es nahe, sie einem Akteur als dessen Handlung zuzuweisen und damit auch die Verantwortung dafür. Dass mit der Karriere in derselben Weise zu verfahren, also jeder seines Glückes Schmied sei, bestimmt als herrschende Meinung das Alltagsverständnis.

„There's no such thing as society" Die Deutsche Gesellschaft für Karriereberatung e. V. (DGFK) „versteht unter Karriere mehr als eine ‚Leiter'. Karriere verstehen wir als die individuelle, berufliche Entwicklung eines Menschen, die sich an seinen Bedürfnissen, Zielen und Fähigkeiten orientiert" (DGFK 2019). Heißt das, Arme, Obdachlose, Hoffnungslose orientieren sich an entsprechenden Bedürfnissen, Zielen und Fähigkeiten? Im Verständnis des Lebenslaufs als individueller, selbst zu verantwortender Karriere kulminiert ein Gesellschaftsbild ohne Gesellschaft, hier wird endgültig alle Verantwortung für die Folgen der Entscheidungen – die ich selbst treffe und die andere treffen, aber mich betreffen – auf meine Schultern gelegt. Der Millionär darf die Geschichte seiner Heldentaten erzählen; über ihn wird gesagt, er habe es geschafft, Betonung auf *er.* Über den Tellerwäscher wird vielleicht gesagt, *es,* das Leben habe ihn geschafft; er mag von verpassten, nicht erkannten, nie gehabten Chancen erzählen. Es gibt keine gesellschaftlichen Probleme, keine sozialen Fragen mehr, sondern nur noch richtige oder falsche individuelle Entscheidungen, gute oder schlechte individuelle Leistungen. Diesem Deutungsmuster, das in Margret Thatchers Diktum mündet „there's no such thing as society", steht eine soziologische Strukturanalyse entgegen, die im „Umbau des Modus der sozialen Integration von Herkunft auf Karrieren" (Luhmann 2002b, S. 70) gerade ein Kennzeichen unserer heutigen Gesellschaft sieht. In das Selbstgespräch der Moderne geht diese Analyse nur als wissenschaftliche Fußnote ein, gleichwohl prägen die Konsequenzen der sozialen Existenzform Karriere das Alltagsleben zutiefst.

4.1   Abwertung der Alten, Hochdruck auf die Jugend

Karrieren sind eine Frage der Zeit, sie erzeugen Konsequenzen sowohl für die Alten als auch für die Jungen. Wer sich oder andere unter Karrieregesichtspunkten sieht, kann der Frage nicht ausweichen, ob das, was in der Gegenwart geschieht, sich als eine Vergangenheit darstellen lassen wird, die der Karriere zuträglich ist. Die Dringlichkeit dieses Problems nimmt mit zunehmendem Alter offenkundig ab. „Das Altern bringt eine Art cooling-out-Effekt der Ansprüche mit sich, die auf Karriere gerichtet waren: Man neigt dazu, sich allmählich mit dem zufrieden zu geben, was man schon hat [...] und dämpft damit die Selbst- und Fremderwartungen." (Corsi 1993, S. 263). Als Beobachtungsperspektive ist die Karriere (wie die Entscheidung) zukunftsorientiert – je weniger Zukunft, desto weniger Aufmerksamkeit. Eine Gesellschaft, die Menschen bevorzugt auf deren Karrieren hin wahrnimmt, neigt dazu, alten Menschen zwar taktvoll ihre Lebensleistung zu bescheinigen, sie aber faktisch abzuwerten, weil aus ihnen nichts mehr werden wird.

Pränatales Klassenzimmer Die Kehrseite der Abwertung der Alten bildet der Druck, der auf den Jungen lastet. Erzeugt wird dieser Druck durch die Entscheidungslogik der Karriere: Es ist die Vergangenheit der Personen, die in der Gegenwart als Begründung dient, für welche Zukunft sie geeignet erscheinen. Entsprechend wird die Darstellung des Lebenslaufs in der Bewerbungssituation so zugeschnitten, dass er die besondere Eignung für genau diese Stelle oder Position nahelegt.

> „Ein Lebenslauf ist eine Kommunikation [...] über die Vergangenheit einer Person, die deren Zukunft zwar nicht determiniert, aber erwarten lässt. Das dient der Verankerung der stets ungewissen Zukunft in einer genau dafür konstruierten Vergangenheit." (Luhmann 2000, S. 105)

Der präsentierte Lebenslauf bildet eine Art Zwischenbilanz und ist der Unternehmensbilanz funktional durchaus vergleichbar. In beiden Fällen geht es darum, Entscheider, die Personalabteilung oder den potenziellen Investor, positiv zu beeindrucken.

Eine Vergangenheit zu produzieren, die in der Gegenwart den Anforderungen der Entscheider gerecht wird, ist die Lebensaufgabe für alle, die Karriere machen sollen und wollen. Angesichts dieser Aufgabe sind die Menschen besorgt, vor allem wenn sie Eltern sind. Alles scheint dafür zu sprechen, keine Zeit zu verlieren, nichts zu versäumen und so früh wie möglich damit anzufangen, am besten pränatal. Der Ernst beginnt spätestens mit der Schule, gegebenenfalls daran anschließend in Ausbildung und/oder Studium und schließlich im Beruf als lebenslanges Lernen. Sobald die Karriere zum hauptsächlichen Integrationsmechanismus geworden ist, tragen das Erziehungs- und Bildungssystem traditionell die Hauptlast, karrieretauglich zu machen. „Bildung, Bildung, Bildung" ist die am häufigsten gegebene Antwort, sobald nach besseren Chancen verlangt wird. Schulen und Hochschulen kleiden ihre karriererelevanten Entscheidungen in Konditionalprogramme, um sie unangreifbarer zu machen. Die Konsequenzen haben die jungen Leute zu tragen. „Wenn Du die Schule nicht schaffst, wirst Du mit dem Henkelmann zur Schicht gehen", so drückte sich früher die elterliche Hoffnung aus, dass die Kinder es einmal besser haben sollen. Im „Struwwelpeter" stolpert Hanns Guck-in-die-Luft erst über einen Hund und dann ins bodenlose Wasser. Hanns wird gerettet, der Schlusssatz gilt der Schulmappe: „Und die Mappe schwimmt schon weit." Die Karriere ist futsch. Ebenso wie die vormoderne Gesellschaft lernen musste, dass man Seelenheil nicht kaufen kann, wird die moderne Gesellschaft noch lernen, dass der Preis die Bildung nicht besser macht.

Dass die Chance einer aufsteigenden Karriere allen immer offen stehe, ist der Refrain des öffentlichen Chorgesangs über alle Erlebnisse des Scheiterns, laut werdende Zweifel und aufkommende Verzweiflung hinweg. Tatsächlich sind alle startberechtigt, niemand ist von vorneherein ausgeschlossen. Aber im Zielraum zeigt sich, Frauen bleiben benachteiligt und „in vielen hochentwickelten Gesellschaften wachsen die sozialen Ungleichheiten" (BpB 2012). Das immer wieder enttäuschte Versprechen heißt Chancengleichheit.

4.2   Ungelöst: Die Frage der Gerechtigkeit

Weshalb führt die soziale Integration im Modus der Karriere zu einem ewigen Ruf nach Chancengleichheit? Weil Karrieren, kaum haben sie begonnen, selbst ungleiche Voraussetzungen für ihren weiteren Verlauf schaffen. Die Pointe liegt darin, dass die Karriere selbst ein Treiber der Ungleichheit ist, weil sie kumulativ wirkt: „Erfolge erzeugen Erfolge, Misserfolge erzeugen Misserfolge. Anfänglich geringe Differenzen werden durch die Karriere verstärkt." (Luhmann 1998, S. 235). Dieser Befund trifft insbesondere auf die drei dominanten Erfolgsmedien Geld, Macht und Aufmerksamkeit zu. Viel davon zu haben, macht es wesentlich leichter, mehr davon zu bekommen. Mehr noch. Die Karriere macht das Scheitern der einen zur Bedingung des Erfolgs der anderen. Die oberen Positionen sind dünn gesät, die Spitze bietet wenig Platz.

Im Ergebnis versetzt sich die moderne Gesellschaft in ständige Aufregung, weil ihr Gleichheitspostulat delegitimiert, was sie mit der Karriere als sozialer Integrationsform laufend selbst produziert: Dass sich einige weit oben etablieren, während viele den Karren nicht aus dem Dreck bekommen. Ungleichheiten fallen schon deshalb auf, weil die Einschätzung einer Karriere aus dem Vergleich ihr Urteil bezieht, was wiederum Gefühle der Hochachtung und der Bewunderung oder eben der Missgunst und des Neids zu wecken vermag.

Die Kritik an sozialen Ungerechtigkeiten hat ungebrochene Kontinuität und Aktualität mit politischem Skandalisierungspotenzial, nicht nur von links wie an rechtsextremen Protesten zu sehen ist. Die seit den 1990er Jahren zunehmende Destabilisierung der politischen Demokratie hängt auch damit zusammen, dass im politischen Diskurs der Gerechtigkeitsfrage Selbstaufklärung im Sinne einer realitätstüchtigen Zustandsbeschreibung nicht gelingt. Die einen pochen darauf, dass alles mit rechten Dingen zugehe, die Erfolgreicheren seien eben die Tüchtigeren; Fleißige und Faule habe es immer gegeben, Frauen hätten eben ihre natürlichen Handicaps. Andere verlangen, was sie immer verlangen, dass Chancengleichheit endlich erreicht werden müsse; dass der Karrieremodus selbst ständig Chancen ungleich verteilt, fällt ihnen nicht auf, sie sehen nur die sozialen Schranken. Wieder andere tun so, als sei ohnehin alles Lug und Trug, als würde eine raffgierige Elite nach Belieben die Fäden ziehen. Wie sollen aus politischen Sichtweisen, die mit der tatsächlichen gesellschaftlichen Funktionsweise so wenig zu tun haben, positive Veränderungen kommen?

Keine Person bestimmt, was immer sie entscheiden und leisten mag, alleine über ihre Karriere. In die Struktur der Karriere ist sozusagen ein Selbstbefriedigungsverweigerungsmechanismus eingebaut. Schon „das notwendige Zusammenwirken von Selbstselektion und Fremdselektion schließt Berechnung und Voraussage von Karrieren aus" (Luhmann 2000, S. 103). Ausschließlich Entscheidungen in den Blick zu nehmen, seien es eigene, seien es fremde, nennt Odo Marquard „das Programm der Absolutmachung des Menschen": „Der Mensch ist – oder soll sein – ausschließlich das Resultat seiner Absichten. Er ist dann das handelnde Wesen, dem nichts mehr widerfährt." (Marquard 1986, S. 119).

Beliebigkeitszufälle Tatsächlich entstehen immer wieder Situationen, die so niemand vorhergesehen, geschweige denn gezielt herbeigeführt hat. Zufällig sich ergebende Konstellationen, Marquard nennt sie „Beliebigkeitszufälle", verhindern oder ermöglichen Karriereschritte, die dann zum Ausgangspunkt der weiteren Verläufe werden.

> „Vor allem in den Spitzenlagen sind Karrieren in hohem Maße von Zufällen abhängig – etwa davon, dass der Tod oder ein rechtzeitig kommender Skandal den begehrten Platz räumt. Die Karrierehoffnungen bilden, könnte man sagen, ein Talentreservoir, über das dann der Zufall entscheidet." (Luhmann 2000, S. 299)

Die Karriere ist keine Leiter, aber sie braucht eine, sofern sie nicht über einen Markt, sondern in Organisationen stattfindet. Die Stelle – definiert durch ihre Aufgabe, die erwartete Leistung und das mit ihr verbundene Honorar, also Bezahlung und/oder Anerkennung – muss vorhanden und frei sein, um sich darauf bewerben zu können. Das ziemlich genaue Gegenteil der vorab entschiedenen und berechenbaren Beamtenlaufbahn ist die Karriere, die von den Entscheidungen der Publika auf einem Markt abhängt. Marktkarrieren sind nicht nur unberechenbarer, sie erzeugen auch extremere Ausschläge. Sie küren wenige Stars, erlauben vielen in kleinen Nischen gerade noch ein Auskommen und ignorieren manche gänzlich. Dass sich aufgrund der Digitalisierung Marktkarrieren ausbreiten und auch Organisationskarrieren an Berechenbarkeit einbüßen, ruft viel Unruhe hervor und bestärkt die Forderung, es müsse eine karriereunabhängige Grundsicherung geben, die eine eigenständige soziale Existenz materiell absichert.

Über solche Zufälligkeiten, die offen lassen, ob es so oder so oder anders kommt, hilft sich das Karrierebewusstsein mit der Lebensweisheit hinweg, Glück habe auf Dauer nur der Tüchtige; Umkehrschluss inklusive. Seit Zufälligkeiten mit der Digitalisierung offensichtlicher werden, werden sie als „Gelegenheitsfenster" deklariert und mit der Mahnung verbunden, „Karriere macht nur, wer Chancen schnellt ergreift" (Spiegel online 2019).

> „Ich würde da mal an den blanken Egoismus appellieren. Heute sind alle Unternehmen und Märkte einer Transformation unterworfen. Die schiere Power der digitalen Technologien beschleunigt alles immer weiter. Und in dieser Situation werden nur diejenigen erfolgreich sein, die in der Lage sind, schnell und beherzt Chancen zu ergreifen – für sich selbst oder innerhalb ihres Unternehmens. Es ist also eine Karrierefähigkeit, die man sich jetzt aneignen kann. Und das Tolle ist: Das macht unglaublich viel Spaß." (ebd.)

Aber es macht auch Stress. Dass sich (in Deutschland) die Zahl der Krankentage wegen psychischer Probleme innerhalb von zehn Jahren auf zuletzt 107 Mio. im Jahr 2017 verdoppelt hat (WAZ online 2019), dass Ausgebranntsein (Burn-out) als Thema auf der öffentlichen Agenda so weit oben steht, dürfte kein Zufall sein: „Sollenshypertrophie bewirkt Seinsvermiesung" (Marquard 1986, S. 127).

Schicksalszufälle Die Karriereperspektive scheitert an Lebenswegen, die den goldenen Käfig eines milliardenschweren Familienvermögens nie verlassen oder aber in schwere Krankheiten, kriegerische Zerstörungen, Slums, Hungerkatastrophen, Flüchtlingstrecks führen. Es existiert nämlich „nicht nur eine Sorte des Zufälligen, sondern deren zwei: es gibt nicht nur das Beliebigkeitszufällige, sondern es gibt auch das Schicksalszufällige" (Marquard 1986, S. 128) Aber der äußere Einfluss, das Schicksalhafte, das einem unentrinnbar widerfährt, ist es gerade nicht, was an modernen Lebenswegen interessiert, sondern wofür und wogegen man sich entschieden hat, „was man immer wieder neu entwerfen und aufbauen, was man konstruieren und stabilisieren, was man auch abfangen und entwickeln, kurz: was man in einem strengen Sinne selber *machen* muss" (Hitzler und Pfadenhauer 2003, S. 12). Es sind solche Geschichten, die faszinieren:

> „‚Wer hat dir das beigebracht?' – ‚Niemand', antwortet der Junge. ‚Wenn du willst, versuche ich, dir zu helfen', sagt Geschwindner. ‚Wir üben zusammen und verbessern deine Technik.' Zweimal treffen sich Geschwindner und der 16 Jahre alte Dirk Nowitzki zum gemeinsamen Training. Die Eindrücke aus den beiden Übungsstunden genügen Geschwindner, um sich bei Nowitzkis Eltern zum Sonntagskaffee einzuladen und sie vor eine grundsätzliche Entscheidung zu stellen: ‚Wenn Dirk der beste deutsche Basketballer werden soll, kann er einfach so weitermachen. Ihn wird niemand aufhalten können. Wenn er aber einer der weltbesten Spieler werden soll, müssen wir systematisch trainieren. Und zwar ab morgen.' Am Abend berät sich der Junge mit seinen Eltern, die ein Malergeschäft in Würzburg führen. Am nächsten Morgen ruft er bei Geschwindner an und sagt zu." (Ewers 2004)

Im Licht der Scheinwerfer, welche die Karriere ausleuchten, werden Zufälle zu Schatten, die wie Gespenster durch das Bild huschen. Umstände und Geschehnisse, die den Menschen zustoßen, die Schicksalszufälle, werden herabgestuft zu Themen, die in der Trivialliteratur, in Klatsch und Tratsch ihren bevorzugten Platz finden.

Schicksalszufälle werden auch aufgerufen, um als Alibi für soziale Ungerechtigkeiten zu dienen. „Ich weiß aber, wo sich Arme und Reiche begegnen. In einem Gang vor der Krebsstation. Da sitzen die Armen und die Reichen zusammen und hoffen, dass sie mit ihrem Leben davonkommen." (Bild.de 2012) Ob Arme und Reiche wirklich im selben Gang sitzen, hängt vom Gesundheitssystem ab. Aber die Botschaft ist klar, vor dem Schicksal sind wir alle gleich, deshalb sind die sozialen Ungleichheiten nicht so wichtig. Die unentwirrbare Gemengelage aus Eigenverantwortung, Zufällen und Fremdbestimmung bietet unerschöpflichen Stoff für Geschichten, die über das Leben geschrieben werden.

Ausgang: Willkür und Verantwortung

Nur weil man nicht wissen kann, ob die Entscheidung richtig oder falsch ist, kann man sich entscheiden, wie man will. Deshalb ist der Gemeinspruch wahr, Menschen, die nicht wissen, was sie wollen, können sich nicht entscheiden.

Sobald klar ist, was richtig und was falsch ist, wäre es verrückt, auf dem freien Willen zu bestehen und das Falsche zu wählen. Daraus entspringt die Geringschätzung, mit der die einen, die zu wissen glauben, was richtig ist, anderen begegnen, die sich nicht für dieses Richtige entscheiden.

Wenn viele Handlungen entscheidungsoffen sind, wenn man also sowieso machen muss, was man will, was soll einen dann noch hindern, seiner Willkür freien Lauf zu lassen und diese Willkür Freiheit zu nennen? Erst einmal nichts. Es spricht jetzt alles dafür, gegen Verbote zu sein, sie haben etwas ausgesprochen Unerfreuliches, Negatives an sich, denn sie schränken Freiheit ein. „Freie Fahrt für freie Bürger", das ist die Grundstimmung einer Gesellschaft, die ihr Zusammenleben entscheidungsbasiert organisiert.

Meine Entscheidungen gehen nur mich etwas an, aber sie betreffen sehr oft andere. Weil meine Willkür selten ohne Folgen bleibt, schon der Einkauf im Supermarkt benachteiligt die Firmen, deren Produkte ich nicht wähle, ergibt sich als unhintergehbarer Tatbestand: Entscheidungen sind frei, aber nicht frei von Verantwortung. Man kann diese Tatsache ignorieren, man kann die Verantwortung wie früher an Götter jetzt an Rechner delegieren, man kann ihr ausweichen, man kann sie als lästige, zu vernachlässigende Nebenfolge abtun, es ändert alles nichts: Entscheiden macht verantwortlich.

„Es ist ein beliebtes Gesellschaftsspiel, sich der Verantwortung zu entziehen: nicht ich, sondern ein anderer, etwas anderes, ist für mein Tun verantwortlich. Folge ich den Spielregeln von Skinners Behaviorismus, dann ist es die Umwelt, auf die ich mich ausreden kann; folge ich den Soziobiologen, sind es meine Gene! Aber die

© Springer Fachmedien Wiesbaden GmbH, ein Teil von Springer Nature 2019   37
H.-J. Arlt und J. Schulz, *Die Entscheidung,* essentials,
https://doi.org/10.1007/978-3-658-27061-2

genialste Strategie, sich der Verantwortung zu entziehen, ist ‚Objektivität'. Objektivität verlangt die Trennung des Beobachters vom Beobachteten." (von Foerster 1992b, S. 44)

Mit seinen kollektiv verbindlichen Entscheidungen legt jedes Land fest, für welche Entscheidungen der Individuen und der Organisationen welche Freiheitsgrenzen gelten sollen. Damit verbunden ist die Entscheidung darüber, welche Verantwortung in den Händen der Individuen und Organisationen bleibt und welche Verantwortung ihnen abgenommen wird, indem ihre Entscheidungsspielräume beschränkt werden. Antworten darauf können verweigert, dem Gang der Ereignisse sein Lauf gelassen werden, die Fragen verschwinden nicht. Soll Kernenergie genutzt werden, Zigarettenwerbung erlaubt, die Geschwindigkeit im Verkehr eingeschränkt, die unternehmerische Entscheidung von den Beschäftigten mitbestimmt, die nationale Souveränität transnational begrenzt werden... ? Da in der Moderne im Prinzip alles für Entscheidungen freigegeben ist, stellt sich die Frage zuhauf und unaufhörlich, was kollektiv verbindlich entschieden und verantwortet werden soll. Die Antworten können nur umstritten sein, Kontroversen entstehen, Konflikte flammen auf, Kompromisse müssen gesucht werden. Wie sie ihre Kontroversen austrägt, welche Konflikte sie unterdrückt, welche sie in Feindschaften ausarten lässt, wie sie sich zu Kompromissen durchringt – an ihrer Streitkultur entscheidet sich die Lebensqualität der Entscheidungsgesellschaft.

Was Sie aus diesem *essential* mitnehmen können

- Einer Entscheidungssituation die Unsicherheit zu nehmen, ist Freiheitsberaubung.
- Entscheiden macht verantwortlich. Man kann das ignorieren oder an Rechner delegieren, der Tatbestand bleibt.
- Die Entscheidung adelt es, wird sie strategisch genannt, schon das Wort Strategie macht die Sache wichtig.
- Am Karrierewettlauf nicht teilzunehmen, schützt nicht davor, als jemand wahrgenommen zu werden, der/die nicht gewonnen hat.
- Meinungsverschiedenheiten, Kontroversen, Konflikte sind ein gutes Zeichen: An ihrer Streitkultur entscheidet sich die Lebensqualität der Entscheidungsgesellschaft.

© Springer Fachmedien Wiesbaden GmbH, ein Teil von Springer Nature 2019
H.-J. Arlt und J. Schulz, *Die Entscheidung,* essentials,
https://doi.org/10.1007/978-3-658-27061-2

Literatur

Apel, H.-O., & Kettner, M. (Hrsg.). (1996). *Die eine Vernunft und die vielen Rationalitäten.* Suhrkamp: Frankfurt a. M.

Baecker, D. (1999). *Organisation als System.* Frankfurt a. M.: Suhrkamp.

Baumann, Z. (1999). *Unbehagen in der Moderne.* Hamburg: Hamburger Edition.

Bild.de. (2012). https://www.bild.de/news/standards/franz-josef-wagner/liebe-sandra-maisch-berger-23274292.bild.html. Zugegriffen: 3. Apr. 2019.

BpB. (2012). https://www.bpb.de/politik/grundfragen/deutsche-verhaeltnisse-eine-sozial-kunde/138379/soziale-ungleichheit. Zugegriffen: 2. Apr. 2019.

Bräunig, P. (2018). *Leben mit bipolaren Störungen. Manisch-depressiv: Antworten auf die meistgestellten Fragen.* Stuttgart: Trias.

Brunsson, N. (1989). *The organization of hypocrisy. Talk, decisions and actions in organizations.* New York: Wiley.

Corsi, G. (1993). Die dunkle Seite der Karriere. In D. Baecker (Hrsg.), *Probleme der Form* (S. 252–265). Frankfurt a. M.: Suhrkamp.

Dahrendorf, R. (1965). *Gesellschaft und Demokratie in Deutschland.* München: Piper.

Derks, L. (2000). *Das Spiel sozialer Beziehungen. NLP und die Struktur zwischenmensch-licher Erfahrung.* Stuttgart: Klett-Cotta.

DGFK. (2019). https://www.dgfk.org/ueber-uns.html. Zugegriffen: 15. März 2019.

Dufourmantelle, A. (2018). *Lob des Risikos. Ein Plädoyer für das Ungewisse.* Berlin: Aufbau Verlag.

Ehrenberg, A. (2004). *Das erschöpfte Selbst. Depression und Gesellschaft in der Gegen-wart.* New York: Campus.

Eribon, D. (2016). *Rückkehr nach Reims.* Berlin: Suhrkamp.

Ewers, C. (15. Januar 2004). Angewandte Theorie. *Die Zeit*, 4.

Gabriel, Y., & Lang, T. (1995). *The Unmanageable Consumer.* London: Sage.

Gross, P. (2005). Die Möglichkeit ist des modernen Menschen liebste Wirklichkeit. *Massiv 36*, 118–120. https://www.alexandria.unisg.ch/21671/1/PG_2005_Die_Moeglichkeit_ist_des_modernen_Menschen.pdf. Zugegriffen: 19. Dez. 2018.

Heinen, E. (1985). *Einführung in die Betriebswirtschaftslehre.* Wiesbaden: Springer Gabler.

Lehmann, M. (2011). *Mit Individualität rechnen. Karriere als Organisationsproblem.* Weilerswist: Velbrück Wissenschaft.

Lessenich, S. (2016). *Neben uns die Sintflut.* München: Hanser.

© Springer Fachmedien Wiesbaden GmbH, ein Teil von Springer Nature 2019   41
H.-J. Arlt und J. Schulz, *Die Entscheidung*, essentials,
https://doi.org/10.1007/978-3-658-27061-2

Luhmann, N. (1964). Lob der Routine. *Verwaltungsarchiv, 55,* 1–33.

Luhmann, N. (1973). *Zweckbegriff und Systemrationalität.* Frankfurt a. M.: Suhrkamp.

Luhmann, N. (1987). *Soziale Systeme. Grundriss einer allgemeinen Theorie.* Frankfurt a. M.: Suhrkamp.

Luhmann, N. (1991). *Soziologie des Risikos.* Berlin: De Gruyter.

Luhmann, N. (1993). *Das Recht der Gesellschaft.* Frankfurt a. M.: Suhrkamp.

Luhmann, N. (1998). *Gesellschaftsstruktur und Semantik. Studien zur Wissenssoziologie der modernen Gesellschaft* (Bd. 3). Frankfurt a. M.: Suhrkamp.

Luhmann, N. (2000). *Organisation und Entscheidung.* Wiesbaden: Westdeutscher Verlag.

Luhmann, N. (2002a). *Die Politik der Gesellschaft.* Frankfurt a. M.: Suhrkamp.

Luhmann, N. (2002b). *Das Erziehungssystem der Gesellschaft.* Frankfurt a. M.: Suhrkamp.

Marquard, O. (1986). *Apologie des Zufälligen.* Stuttgart: Reclam.

Marquard, O. (2005). Ende des Schicksals. In O. Marquard (Hrsg.), *Abschied vom Prinzipiellen* (S. 67–90). Stuttgart: Reclam.

Mintzberg, H., Ahlstrand, B., & Lampel, J. (1999). *Strategy Safari. Eine Reise durch die Wildnis des strategischen Managements.* Wien: Redline Wirtschaft bei Ueberreuter.

Neuberger, O. (2002). *Führen und führen lassen. Ansätze, Ergebnisse und Kritik der Führungsforschung.* Stuttgart: utb.

Ötsch, W. O. (2009). *Mythos Markt.* Marburg: Metropolis.

Platon. (1981). *Theätet. Griechisch/Deutsch.* Stuttgart: Reclam.

Raschke, J., & Tils, R. (2007). *Politische Strategie. Eine Grundlegung.* Wiesbaden: Springer.

Raschke, J., & Tils, R. (2011). *Politik braucht Strategie – Taktik hat sie genug.* New York: Campus.

Richards, C. (2004). *Certain to win. The strategy of John Boyd, applied to business.* Bloomington: Xlibris.

Schimank, U. (2005). *Die Entscheidungsgesellschaft. Komplexität und Rationalität der Moderne.* Wiesbaden: VS Verlag.

Schneider, D. (1995). *Informations- und Entscheidungstheorie.* München: Oldenbourg.

Schulze, G. (1993). *Die Erlebnisgesellschaft. Kultursoziologie der Gegenwart.* New York: Campus.

Senger, Hv. (2011). *36 Strategeme: Lebens- und Überlebenslisten aus drei Jahrtausenden.* Frankfurt a. M.: Fischer Taschenbuch.

Simon, F. B. (1997). Die Organisation der Selbstorganisation. In C. Schmitz, B. Heitger, & P. W. Gester (Hrsg.), *Managerie Systemisches Denken und Handeln im Management. 4. Jahrbuch* (S. 112–128). Heidelberg: Auer.

Simon, H. A. (1990). *Die Wissenschaften vom Künstlichen.* New York: Springer.

Spiegel online. (2019). http://www.spiegel.de/lebenundlernen/uni/spiegel-akademie-die-neuen-kurse-digital-sales-marketing-entrepreneurship-in-digitalen-zeiten-a-1259503.html. Zugegriffen: 4. Apr. 2019.

Thompsen, T. (2014). *Land der Gewohnheit.* Berlin: Ullstein.

von Foerster, H. (1992a). Ethics and second order cybernetics. *Cybernetics and Human Knowing, 1*(1), 9–20. doi: https://cepa.info/1742.

von Foerster, H. (1992b). Entdecken oder Erfinden Wie läßt sich Verstehen verstehen? In H. Gumin & H. Meier (Hrsg.), *Einführung in den Konstruktivismus.* München: Piper.

von Foerster, H. (2001). *Short cuts.* Frankfurt a. M.: Zweitausendeins.

Watzlawick, P. (1985). Management oder – Konstruktion von Wirklichkeiten. In J. B. Probst &
    H. Siegwart (Hrsg.), *Integriertes Management Bausteine des systemorientierten Manage-
    ments* (S. 365–376). Stuttgart: Paul Haupt.
WAZ online. (2019). https://www.waz.de/politik/psychische-leiden-fehltage-binnen-zehn-jah-
    ren-verdoppelt-id216750689.html. Zugegriffen: 30. März 2019.
Willke, H. (2000). *Systemtheorie I: Grundlagen*. Stuttgart: Lucius & Lucius.
Willke, H. (2001). *Systemtheorie III. Steuerungstheorie*. Stuttgart: Lucius & Lucius.

springer-vs.de